스캔들
세계사
2

스캔들 세계사

'피의 여왕'에서 금발 미녀의 유래까지
비정하고 매혹적인 유럽 역사 이야기

2

이주은 지음

피피에

머리말

다시, 역사 이야기꾼을 꿈꾸며

『스캔들 세계사』를 선보인지 어느덧 반년이 지났습니다. 블로그에 쓰던 글이 책으로 만들어진 것을 본 날, 그 책이 서점에 쌓여 있는 것을 본 순간은 제 삶에서 결코 잊지 못할 멋진 장면으로 기억에 남아 있습니다. 제 이름을 담은 책이 세상에 나오고 감히 '작가'라 불리는 것도 익숙하지 않았는데 『스캔들 세계사2』로 다시 만나뵙게 되었습니다.

『스캔들 세계사2』에서는 중세와 근세의 유럽사를 중점적으로 다루었던 『스캔들 세계사』를 더욱 발전시켜 유럽과 아메리카 대륙, 그리고 20세기 근현대까지 역사라는 무대의 시간과 공간을 확장해서 더욱 다채롭고 풍성한 이야기를 담아보려 노력하였습니다. 금발에 대한 서양의 전통적인(?) 오해와 편견, 왕의 대관식을 연기하게 만든 원인불명의 무시무시한 전염병, 아내를 팔아치워버리는 기상천외한 이혼법, 어여쁜 튤립 한 송이와 거품 경제의 상관관계, 새하얀 웨딩드레스의 유래 등 재미있고 유익한 에피소드를 준비했습니다. 또한 러시아의 악명 높은 여제와 그녀가 지은 얼음 궁전에 얽힌 이야기, 정략결혼이라는 대외정책을 표방하여 '유럽의 장모'라 불린 마리아 테레지아 여제의 사적인 면모, 미모와 비극적인 최후로 더욱 유명한 오스트리아의 마지막 황후 엘리자베트 등 한 시대를 풍미한 역사적 인물의 궤적을 따라가보기도 하지요. 『스캔들 세계사2』에서도 짧게는 몇 십 년, 길게는 몇 천 년 전의 사람들도 오늘날 우리처럼 사랑하고, 미워하고, 고민하고, 결혼하고, 아이도 낳는 등 열심히 살고 있었다는 흔적을 낱낱이 보여드리고 싶었습니다.

블로그와 책을 통해 많은 분들과 소통하면서 가장 뿌듯하고 행복할 때는 학창 시절 역사를 제일 싫어하셨다던 분들이 제 글을 통해 처음으로 역사책을 찾아 읽어보며 역사에 한 발짝 가까워질 수 있었다고 말씀해주셨을 때입니다. 앞으로도 더욱 노력하여 숨어 있는 역사를 재미있게 소개하는 역사 이야기꾼이 되겠습니다. 언제나 응원해주시는 블로그 이웃분들, 책을 재미있게 읽었다며 격려를 아끼지 않은 수많은 독자님들 덕분에 감히 2권을 쓸 용기를 냈습니다. 이제 겨우 걸음마를 시작한 저를 믿고 격려해주시는 파피에 출판사 사장님과 좋은 글을 쓸 수 있도록 여러모로 챙겨주시는 편집장님, 부족하기만 한 딸인데도 딸 자랑에 침이 마르는 부모님과 친구들, 모두모두 고개 숙여 감사드립니다.

정성껏 준비한 이야기보따리를 하나하나 풀어놓을게요. 우리 함께 한여름 밤하늘 아래 모닥불을 둘러싼 역사 여행을 떠나보아요.

이주은

차례

머리말 · 4

1. 금발이 너무해? · 10
   _ 고대에서 현대까지, '멍청한' 금발 미녀에 대한 오해와 편견의 역사

2. 댄스, 댄스, 댄스 · 26
   _ '피리 부는 사나이' 전설의 시초가 된 중세 유럽의 춤 전염병

   작은 유럽사 — 한복 입은 남자 · 34

3. 「최후의 만찬」, 그 뒷이야기 · 36
   _ 천재 예술가 레오나르도 다 빈치를 매혹시킨 그것은?

4. 또 하나의 천일의 스캔들 · 50
   _ '천일의 앤'의 자매 메리 불린 이야기

5. 잠들지 마라! · 61
   _ 헨리 7세의 대관식을 연기시킨 미스터리한 유행병 이야기

6. 9일 동안만 허락된 여왕 · 69
   _ 종교개혁의 희생양이 된 레이디 제인 그레이의 짧고 비극적인 삶

7. 피의 여왕, 결혼하다 · 85
_ 메리 1세의 결혼과 왕위 승계를 둘러싸고 제정된 '반역행위법'

8. 당돌한 신데렐라 · 100
_ 영국 최초의 여배우이자 찰스 2세의 연인 넬 귄 이야기

9. 튤립에 미친 사람들 · 115
_ 17세기 네덜란드에서 벌어진 최초의 거품 경제 소동

10. 여장부, 또는 편애하는 어머니 · 122
_ '유럽의 장모' 라 불린 여제 마리아 테레지아의 가족 이야기

11. 왕, 왕의 아내, 그리고 왕의 주치의 · 150
_ 18세기 덴마크에서 의료 복지 제도가 확립된 숨은 이유

12. 햇빛을 알지 못하는 차르 · 160
_ 러시아판 '철가면' 인생을 산 이반 6세의 짧고 슬픈 삶

13. 마누라 사려! · 169
  _ 18세기 영국의 기상천외한 이혼법, 아내 판매 관습

14. 패션 리더? 패션 테러리스트? · 179
  _ 18세기 영국의 별난 남성 패션 이야기

15. 아픈 수술은 이제 그만! · 184
  _ 놀이에서 마취제로, 무통 수술의 혁명을 일으킨 에테르의 재발견

16. 고딕 소설의 밤 · 192
  _ 드라큘라와 프랑켄슈타인이 태어나기까지

17. 또 하나의 '다이애나비' · 199
  _ 오스트리아의 마지막 황후 엘리자베트의 삶과 비극적인 죽음

18. 미워할 수 없는 구두쇠 · 222
  _ 19세기 최고의 여성 실업가 헤티 그린의 기상천외한 근검절약술

19. 사르키, 그녀의 이름을 기억하세요 · 236
  _ '인간 동물원'이라 불린 인종 전시 잔혹사

작은 유럽사2 — 유령 재판 사건 · 248

20. 자장, 자장, 우리 아기 · 252
  _ 우는 아기 잠재우는 시럽을 비롯한 19세기의 위험한 광고들

21. 새하얀 웨딩드레스를 입은 여왕 · 258
  _ 빅토리아 여왕의 결혼이 만들어낸 새로운 전통

22. 말괄량이, 네 멋대로 해라! · 265
  _ 소설 「위대한 개츠비」의 시대를 활보한 1920년대 미국의 신여성

작은 유럽사3 — 악마같은 독재자의 소녀같은 입맛 · 280

각주 · 284

참고문헌 · 284

1. 금발이 너무해?
― 고대에서 현대까지, '멍청한' 금발 미녀에 대한 오해와 편견의 역사

금발 미녀, 하면 누가 가장 먼저 떠오르시나요? 전 개인적으로 금발, 하면 마릴린 먼로가 아닌가 싶긴 한데 요즘은 금발 미녀가 정말 많아서 모두들 생각하는 바가 다르겠죠? 제가 어렸던 시절에는 영화 「금발이 너무해 Legally Blonde」(2001)의 여주인공을 맡았던 배우 리즈 위더스푼이 가장 유명했던 금발이 아닐까 싶습니다. 영화에서 리즈 위더스푼은 분홍색을 좋아하고 소란스럽고 오버하고 치와와처럼 작고 귀여운 동물을 안고 다니며 오픈카를 모는 멍청한(?) 여자라는 미국 금발 미녀의 전형적인 모습을 연기하지만 사실 현실의 그녀는 최고 명문인 하버드 대학에 입학하며 금발 미녀에 대한 편견을 여지없이 깨버린, 지성이 넘치는 미녀입니다.

그러나 영화 「금발이 너무해」에서 보이듯이 서양에서는 '멍청한 금발(dumb blonde)'이라는 말이 굉장히 많이 쓰이고 유명합니다. 금발=멍

시실리 섬 카잘레의 빌라 로마나에 있는 로마 시대의 모자이크(4세기 무렵).

청하다, 이런 고정관념이나 농담은 어디에서 비롯되었으며 그런 이미지가 오늘날까지 지속되고 있는 이유는 뭘까요?

금발의 역사는 먼 옛날까지 거슬러 올라갑니다. 아주 먼 옛날 문명이 없던 시절부터 금발은 존재했다고 해요. 그렇다면 왜 북유럽에는 금발이 많고 동양에는 없을까요? 거기에는 몇 가지 재미있는 설이 있습니다. 예를 들면 비타민 D를 흡수하기 힘든 추운 북쪽 지방에서 햇빛을 잘 받으려고 금발이 생겼다는 설도 있고, 그냥 금발이 보기에 예뻐서 남자들이 금발 여성에게 구애를 많이 했고, 그럼으로써 금발 아가들이 많이 태어나서 퍼졌다는 설도 있습니다. 어떤 설이 맞는지는 알 수 없지만 금발은 흑발이나 적발 등 다른 머리색과 달리 늘 주목을 받아왔는데요. 그 이미지가 극과 극이라 참 재미있답니다.

그리스 신화에 등장하는 영웅들이 대부분 금발로 묘사되는 것 알고 계셨나요? 그 유명한 호메로스의 서사시 『일리아스』에 나오는 영웅들과 등장 인물들은 대부분 금발이었습니다. '아킬레스 건'으로 유명한 아킬레스, 『오뒷세이아』의 주인공이기도 한 오디세우스, 트로이 전쟁의 원인이 된 미녀 헬레네의 남편인 메넬라우스, 그리고 헤라클레스의 여동생인 아가메데 등이 있죠. 여신 헤라와 아테나, 아프로디테도 모두 모두 눈부신 금발! 반면에 로마에서 금발은 천박하고 야한 성품과 야만인의 상징이었습니다. 물론 나중에는 그리스의 영향으로 너도나도 라임 주스 뿌려대며 금발을 만들려고 난리를 치기도 했지만요.

금발이 주는 이미지가 성녀이든 창녀이든 상관없이 금발은 늘 아름다움의 상징이었습니다. 그래서 영어에서 금발을 뜻하는 단어에는 블론드(blonde) 이외에 페어 헤어(fair hair)도 있습니다. 여기서 페어(fair)는 '타당한, 공정한, 대단한, 아름다운' 등의 뜻입니다. 다른 머리색들에겐 억울할 정도로 칭송하는 단어죠? 참고로 여성도 '페어 섹스(fair sex)'라고 불립니다. 17세기에 많이 사용된 이 단어는 '아름다운 성'이라는 뜻이지만 여성을 액세서리 취급하는 단어이므로 오늘날에는 모욕적으로 받아들여지는 말이기도 합니다.

중세 유럽에서는 금발을 매혹적인 동시에 섹시하면서도 천박한 색으로 취급했습니다. 때문에 『성경』에 나오는 섹시하고 매혹적인 이미지의 여성들인 하와나 막달라 마리아를 금발로 묘사했고 이후 그림들에서도 하와와 막달라 마리아가 모두 금발로 그려진 모습들을 확인하실 수 있답니다.

재미있는 점은 당시 하와는 '악마의 무기', '악의 대문', '죄악의 딸', '평화의 적' 등으로 불렸는데요. 이렇게 묘사되다보니 금발은 매혹적이면서 위험한 여성의 색이라는 이미지가 만들어졌고 때문에 르네상스 시대에 들어서면 여성은 모두 금발이 되고 싶어 했습니다. 예나 지금이나 위험하면 섹시한가 봅니다. 그런데 오늘날처럼 염색약도 없던 그 시절, 어떻게 머리를 금색으로 탈색시킬 수 있었을까요?

풍성한 금발이 인상적인 「참회하는 막달레나」.
이탈리아를 대표하는 바로크의 거장 귀도 레니의 1635년 작품이다.

당시는 머리를 어떻게 해야 탈색이 되는지 몰랐기 때문에 머리에 꿀을 바르거나 화이트 와인을 만들고 남은 찌꺼기를 머리에 바르고 쨍쨍한 햇빛 아래 앉아 있거나 샤프란과 소다, 유황을 섞어서 바르기도 하고, 염색약이라는 것도 발랐는데 그 염색약이 크로커스의 즙과 용의 피와 헤나를 섞은 것이었다고 합니다. 용의 피가 있었을 리는 없지만 무려(!) 용의 피가 있는데 그걸 기껏 머리 색깔 바꾸는 데 쓰다니 얼마나 금발이 되고 싶었는지 절절한 마음이 느껴지지요.

당연히 이것들은 대부분 효과가 없었고 있다 해도 전체적으로 아름다운 금발이 아닌 얼룩덜룩한 괴상한 색깔이 되곤 했습니다. 그 밖에도 라임 주스나 레몬 주스를 머리에 바르고 창백한 피부를 지키기 위해

금발의 하와와 갈색 머리의 아담.

얼굴은 꽁꽁 가린 후 부채 모양 모자를 쓰고 그 위에 머리카락만 펼쳐서 쨍쨍 내리쬐는 햇빛 아래에 앉아 있곤 했답니다.

르네상스가 지난 이후 한동안 어두운 색의 머리가 유행하기도 했지만 프랑스 왕비 마리 앙투아네트(1755~1793)의 등장과 함께 다시 금발이 대대적으로 유행하게 됩니다. 때문에 르네상스 이후부터 마리 앙투아네트 이전의 배경을 가진 문학 작품들을 보면 여성

화가 니콜라 레니에가 17세기 초에 그린 「참회하는 막달라 마리아」.

을 묘사할 때 '밤하늘과 같은 짙은 머리'라던가 '새하얀 피부와 풍성한 검은 머릿결' 등 어두운 색을 강조하는 말이 많이 나온답니다.

마리 앙투아네트의 등장과 함께 프랑스에서는 금발이야말로 모든 숙녀들의 필수 아이템이 되었습니다. 당시 굉장한 미녀로 유명했던 로잘리 뒤테(1748~1840)라는 여성이 있었는데요. 그분의 머리카락이 아주 예쁜 금빛이었다고 합니다. 굉장히 예쁜 목소리와 미소를 가지고 있던 이 미녀는 가수이자 배우로 당시 많은 귀족들의 에스코트(escort) 노릇을 했습니다. 에스코트란 예쁘고 매력적인 여성이 귀족들을 상대로 말상대도 해주고 노래를 부르거나 춤도 추고 때로는 고급 매춘부 역할까지 겸하는 직업이었죠. 아름다운 로잘리의 단 한 가지 흠이라면 굉장히 멍청하디는 점이있습니다. 사실 여자들한테 교육을 많이 시켜주던 시절도

라파엘 전파의 화가인 존 콜리어가 그린 「릴리스」(1892). 설화에 의하면 아담이 이브와 결혼하기 전에 흙으로 만들어진 최초의 여성인 릴리스는 자기주장이 강해 아담과 싸우고 스스로 떠났다고 하며, 과거의 시각으론 위험한 여성인 만큼 금발로 그려졌다.

'멍청한' 금발 미녀의 원조 격인 로잘리 뒤테의 초상화. 18세기 무렵에 그려진 것으로, 화가 클로드 장 밥티스트의 작품이다.

아니었고 에스코트 일을 하는 여성이 얼마나 교육을 받을 수 있었을까 싶지만, 어쨌거나 이 아름다운 금발 미녀의 명성과 더불어 그녀의 멍청함도 덩달아 유명해졌고 덕분에 그 유명한 '멍청한 금발 미녀'라는 이미지가 생겨났습니다. 그리고 그 이미지는 오늘날까지 무려 250년 이상이나 인류에게 영향을 미치고 있습니다.

그럼 시대를 성큼 건너뛰어 1900년대로 가볼까요. 세월이 흘러도 금발의 이미지는 크게 바뀌지 않았습니다. 공주님도 금발로 묘사되었지만 공주님이 아닌 여자가 금발인 건 천박한 것으로 묘사되는, 참으로 상반된 이미지를 가지고 있었죠. 여자에게 있어 금발은 성적 매력이 있는, 남자에게 인기 있는 색이었지만 그와 함께 딸려오는 다른 이미지도 감수해야 했지요.

여기서 잠깐! 금발은 비난과 칭송을 한 몸에 받았는데요. 그렇다면 빨간 머리는 어떨까요?

빨간 머리의 이미지는 언제나 한결같습니다. 갈색 머리나 금발이 아닌 빨간 머리는 주로 북유럽과 서유럽 사람들에게서 많이 나오는데요. 전 인류의 1~2%가 빨간 머리라고 합니다.

가장 유명한 빨간 머리는 당연히 '빨간 머리 앤'일 것입니다. 그 밖에도 디즈니 사에서 만든 아주 요염하고 섹시한 캐릭터인 제시카 래빗이 있습니다. 빨간 머리 앤이 빨간 머리가 갖고 있는 불같은 성격과 직설적인 말투를 대변한다면 제시카 래빗은 빨간 머리가 가졌다고 생각되는 굉장히 선정적이고 성적인 이미지를 대표하고 있습니다. 19쪽 그림도 '성경에서 위험하고 선정적인 여자인' 막달라 마리아를 그린 것입니다. 머리 색깔을 자유자재로 바꿀 수 있는 요즘도 그럴까? 싶지만 여전히 빨간 머리는 성욕이 강하고 천박하며 성격이 급하고 불같다는 이미지가 있습니다.

영국에서는 빨간 머리를 '진저(Ginger)'라고 부르기도 하는데 때문에 '진저포비아(Gingerphobia)'라고 빨간 머리를 혐오하거나 싫어하는 병도 있을 정도로 빨간 머리에 대한 차별이 있습니다. '설마 그렇게 심하겠

빨간 머리를 가진 것으로 묘사된 막달라 마리아의 모습.

어? 하는 생각이 드신다구요? 실제로 2003년 영국에서는 20대 청년이 머리가 빨갛다는 이유만으로 등에 칼을 맞았고 2009년에는 한 아이가 빨간 머리라는 이유로 따돌림을 당해 자살했습니다. 같은 해에 대형 마트인 테스코에서는 크리스마스 카드에 '산타 할아버지는 모든 아이를 사랑해요~. 심지어 진저도(Santa loves all kids. Even ginger ones)'라고 쓴 카드를 발행했다가 한바탕 난리법석이 난 후에 수거하기도 했습니다.

미국이나 영국 드라마에서는 빨간 머리가 악역으로 나오는 경우가 많고 중세 시대에는 빨간 머리가 뱀파이어나 마녀의 상징으로 여겨져 집단 폭행의 대상이 되기도 했지요.

그럼 다시 금발 이야기로 돌아가 봅시다. 현대에 들어와 금발에 대한 환상이 대히트를 다시 치게 되는데요. 그때는 바로 할리우드의 황금시대였습니다. 할리우드의 황금시대는 1927년에서 1960년대 초반쯤이라고 생각하시면 되겠습니다. 바로 이 시기에 비비안 리, 클라크 게이블, 셜리 템플, 주디 갈란드, 그레이스 켈리, 오드리 헵번, 마릴린 먼로, 엘리자베스 테일러 등 기라성 같은 배우들이 활동했습니다.

그중 모든 여성을 금발에 매혹되게 만든 사람은 바로 아주 유명한 두 여성, 진 할로(1911~1937)와 마릴린 먼로(1926~1962)였습니다. 우선 진 할로는 1930년대의 섹스 심벌로서 마릴린 먼로보다 선배였죠. 원래 금발이었던 진은 흑백 영화에서 정말 휘황찬란한 금발로 보이기 위해서 자신의 머리를 수십 수백 번 지속적으로 탈색했다고 합니다. 때문에 얼마 후에는 머리카락이 저절로 툭툭 끊어지고 바스러졌다고 해요.

팜 파탈 이미지를 가지고 휘황찬란한 금발을 흑백 영화 속에서 휘날리던 진 할로가 불과 26살의 나이로 세상을 떠나고 나서 새로운 금발 미녀의 등장을 기다렸던 대중은 결코 실망하지 않았습니다.

바로 전설의 배우 마릴린 먼로가 나타났기 때문이죠. 갈색 머리일 때는 아무도 그녀를 바라봐주지 않았는데 백금발로 변신하고 이름도 지루한 '노마 진'에서 '마릴린 먼로'로 바꿔서 등장하자 세기의 섹시 아이콘이 만들어진 것입니다.

진 할로에서 시작된 '할리우드판 멍청한 금발 미녀' 이미지는 마릴린 먼로에 와서 완성됩니다.

그녀는 밝은 금발 아래로 커다란 눈을 깜빡이며 섹시하게 속삭였고 남자들은 그녀의 백치미에 넘어가 뭐든지 다 주었죠. 그런 그녀의 이미

할리우드 황금시대의 대표적인 금발 여배우, 진 할로(왼쪽)와 마릴린 먼로.

지를 활용하여 마릴린 먼로는 「신사는 금발을 좋아해Gentlemen Prefer Blondes」(1953) 같은 영화를 찍고 금발의 이미지를 고정시키게 됩니다.

마릴린 먼로와 진 할로의 영향과 흑백 영화에서 금발이 무척 예뻐 보였기 때문에 금발로 등장하는 여배우들의 수가 늘어나게 됩니다.

1930~1950년대 즈음 할리우드 최고의 여배우들이 다들 플래티나 블론드로 불리는 새하얀 지경의 금발을 뽐내자 평범한 여성들도 자기 머리를 금발로 물들이고 싶어 합니다. 그러나 문제는 '염색'에 있었습니다. 1950~1960년대에 '염색'이란 스트리퍼나 매춘부나 하는 끔찍하게 천박한 행위로 여겨졌고 여성들은 당시 품질이 좋지 않은 염색약으로 염색을 하여 '염색했다'는 티가 날까봐 노심초사하며 감히 염색을 하려 들지 않았습니다. 염색약 회사 입장에서는 미치고 팔짝 뛸 노릇이었죠. 그 무렵 광고업계에서 한 여성이 엄청난 카피를 써서 대박을 터뜨립니다. 카피라이터인 그녀의 이름은 셜리 폴리코프. 당시 회사에서 유

일한 여성 카피라이터였던 그녀는 금발 염색약을 판매하는 클레롤 사를 위해 광고 문구를 써야 했는데요. 위와 같은 여성들의 심리를 꿰뚫어본 셜리 폴리코프는 다음과 같은 문구를 씁니다.

"했을까? 안 했을까? 오직 그녀의 미용사만이 알고 있지요."
(Does She……, or doesn't she? Only her hairdresser knows for sure.)

별 것 아닌 것 같아 보이는 이 한 줄 문장의 힘은 엄청났습니다. 금발이 되고 싶었던 여성들의 마음을 정확히 꿰뚫은 이 광고가 나간 직후 클레롤 사의 매출은 무려 413%나 뛰어오릅니다. 이후 셜리 폴리코프는 클레롤 사를 위해 또 다른 광고 문구들을 쓰지요.

"인생을 단 한 번만 산다면……, 금발로 살겠어요."
(If I have only one life……, let me live it as a blonde.)

"금발이 더 재밌게 산다는 게 사실일까요?"
(Is it true blondes have more fun?)

이 문구 역시 파급력이 어마어마했고 클레롤 사는 폴리코프의 광고 문구를 내보내기 시작한 지 6년 만에 이전의 7%에서 무려 50%의 미국 여성이 염색을 하게 만들 수 있었습니다. 그리고 '금발이 더 재미있게 살아요!(Blondes have more fun!)'란 문구는 이후 노래로도 만들어지며 '금발은 인생을 더 재미나게 산다'는 이미지를 만들어내게 됩니다.

유명한 '했을까? 안 했을까?' 문구가 쓰여 있는 클레롤 사의 염색약 광고. 금발로 변신하고 싶은 여성들의 절실한 마음을 정확하게 꿰뚫은 이 한 줄의 광고 문구로 클레롤 사는 대박이 났고, 수많은 여성들이 금발로 변신하며 자기만족의 꿈을 실현시켰다.

금발이 멍청하다는 이미지인데 반해 갈색 머리는 똑똑하다는 이미지를 가지고 있습니다. 갈색 머리도 굉장히 다양한 색을 가지고 있는데요. 갈색이 진할수록, 말하자면 고동색에 가까울수록 지적인 이미지를 가지고 있습니다. 약간 회갈색이 도는 머리 색깔은 구정물 색깔이라고 싫어하는 경우가 많습니다.

갈색 머리를 가진 여성은 독립적이고 우아하며 단정하고 똑똑하며 진지하다는 이미지를 가지고 있습니다. 아무래도 여성들 입장에서는 가장 마음에 드는 이미지죠? 물론 그와 함께 지루하고 성적으로 소극적이며 재미없다는 이미지도 있지요.

때문에 '금발'과 '갈색 머리'의 경쟁 구도는 약 1875년부터 시작되어 지금까지 이어져오고 있습니다. 여성 스포츠 경기를 할 때 머리 색깔로 팀을 나누기도 하는가 하면 대중 문화 속에서 금발과 갈색 머리의 라이벌 관계는 굉장히 자주 등장합니다. 예를 들자면 앞에 나온 영화 「금발이 너무해」에서 리즈 위더스푼은 금발이고 그녀의 라이벌 격으로 나오는 전 남자친구의 새 여자친구는 갈색 머리입니다. 많은 미국 드라마에서도 이런 현상은 도드라지는데요. 특히 남성을 사이에 두고 두 명의 여성이 경쟁할 때 많이 나오곤 합니다.

마릴린 먼로가 주연했던 영화「신사는 금발을 좋아해」의 원작인 소설을 1925년에 썼던 작가 애니타 루스는 속편으로 1927년에『하지만 신사는 갈색 머리와 결혼하지 But Gentlemen Marry Brunettes』라는 책을 냈으며 이는 1955년에「신사는 갈색 머리와 결혼해 Gentlemen Marry Brunettes」라는 제목으로 영화화되기도 했습니다.

1984년에 미국 ABC 방송에서 방영했던 드라마「블론드 vs 브루넷 Blonde vs Brunettes」에서는 광고 문구로 '누가 정말로 더 재미있게 사는지 알아보세요!(Find out who really has more fun!)'라고 홍보하였습니다. 이를 통해 셜리 폴리코프의 '금발의 인생이 재밌다' 는 문구가 계속 유행하고 있음을 알 수 있습니다.

머리 색깔이 금색이든 갈색이든 은색이든 빨간색이든 무슨 상관일까 싶을 수 있으나 서구에서는 이 문화가 하도 오래전부터 전해 내려왔기 때문에 서양 사람들은 지금도 머리 색깔을 토대로 상대방에 대한 태도를 바꾼다는 것이 조사 결과 밝혀졌습니다.

NBC 뉴스에서 조사한 결과인데요. 한 여성이 길을 지나가다가 스카프를 흘립니다. 똑같은 여성이라고 했을 때 남성들의 반응은 어떠할까요? 금발 여성이 스카프를 흘리면 바로 주워주었지만 갈색 머리 여성이 스카프를 흘리면 모른 척하고 가거나 "저거 떨어뜨렸네요."라는 말만 하고 휙 지나갔습니다.

동일한 여성이 한 번은 금발 가발을 쓰고 한 번은 갈색 가발을 쓰고 술집에 들어가 남자들과 얘기를 나누고 나옵니다. 그런 다음 술집에 있던 남자들과 인터뷰를 통해 그 여성에 대해 물어보니 금발 여성은 대화하기가 쉽지만 갈색 머리의 여성이 더 똑똑하며 매력적이라고 답했습니다. 똑같은 사람인데 말이죠!

이렇기 때문에 일어나는 어처구니없는 현상도 있습니다. 그것은 사람들이 금발 여성 앞에서 멍청하게 행동을 한다는 것이랍니다. 말하자면, 사람들은 이 여성이 금발이기 때문에 멍청할 것이라는 생각을 무의식적으로 하고는 다른 여성 앞이라면 했을 어려운 주제(?)의 대화를 금발 여성과는 하지 않는 것이죠. 같은 이유로 빨간 머리 여성이 다른 머리 색깔의 여성들보다 더 자주 성희롱을 당하기도 한답니다.

요즘이야 미용실에 잠깐만 들르면 순식간에 바꿀 수 있는 것이 머리 색깔인데 문화적으로 이렇게 말도 안 되는 고정관념을 가지고 있다 보니 어린 아이들도 만화와 광고 등을 통해 금발은 멍청하고, 빨간 머리는 야하며, 갈색 머리는 지루하다는 생각을 가지고 자라납니다. 무의식적으로 만들어지는 고정관념이 얼마나 무서운지 이제 아시겠죠!

2. 댄스, 댄스, 댄스
- '피리 부는 사나이' 전설의 시초가 된 중세 유럽의 춤 전염병

'피리 부는 사나이'라는 전설도 특이한데 실제로 일어난 사건은 더욱 놀랍습니다. 지금까지도 정확한 원인이 무엇인가에 대해 의견이 분분한 사건이지요. 이 사건이 일어난 것은 정확히 언제가 처음이라고 말하기는 어렵습니다. 7세기라고도 하고 9세기라고도 하니 굉장히 이른 시기부터 시작되었던 것이지요. 아마 여러분도 관련된 에피소드를 들어본 적이 있으실 거예요. 1020년에 농노들이 크리스마스 이브에 갑자기 교회를 빙빙 돌며 춤을 추고 노래를 불렀습니다. 흔히 있을 법한 흥에 겨운 사람들의 모습이 상상되지요.

1237년에는 수많은 아이들이 에르푸르트부터 아른슈타트에 이르기까지 춤을 추고 노래를 부르고 펄쩍펄쩍 뛰면서 이동했습니다. 바로 여기서 '피리 부는 사나이' 전설이 유래되었지요. 1278년에는 200명이 넘는 사람들이 독일의 한 다리 위에서 춤을 추어댔고 결국 다리가 무너졌

쥐를 없애준 대가를 지불하지 않아 아이들을 홀려서 데려가 버렸다던 피리 부는 사나이는 단순한 전설이 아니었다.

습니다. 다친 사람들은 인근에 있던 성 비투스 대성당에서 치료를 받았는데, 이 때문에 이러한 일련의 춤 전염병을 성 비투스의 춤, 성 비투스의 저주라고 부르기도 합니다. 성 비투스 대성당 입장에서 보면 기껏 선행을 베풀고자 춤추다 다친 이들을 치료해준 것뿐인데 성 비투스의 저주라는 오명을 뒤집어쓰게 되었으니 참으로 억울하겠네요.

그러던 중 1374년에 가장 큰 사건이 일어납니다. 열 곳이 넘는 각기 다르고 떨어져 있는 도시와 국가들에서 한 번에 수천 명이 넘는 많은 사람들이 춤을 추기 시작합니다. 이때까지 보았을 때 그냥 '스트레스 받은 농민들이 춤 좀 춰본 것이 어때서!' 싶을 수도 있으나 이 사람들의 춤은 우리가 생각하는 가벼운 춤의 수준이 아니었습니다. 대부분 제정신이 아닌 상태로 춤을 추었고 어떤 사람들은 너무나 격렬하게 오랫동안 춤을 춘 탓에 갈비뼈가 부러지고 그로 인해 사망에 이를 때까지도 춤을 추었다고 합니다. 이후로도 춤을 추는 병은 계속 퍼져나가 1375년, 1376년에도 발생했으며 1418년에는 사람들이 춤을 추다 지쳐서 사망하는 사건이 일어났고 1428년에는 수도승이 춤을 추다 사망했습니다.

1518년 7월의 무더운 어느 날, 몇 년 동안의 가뭄과 굶주림에 지쳐 있던 프랑스의 시골 마을에서 한 여성이 갑자기 춤을 추기 시작했습니다. 그녀는 약 엿새 동안 잠시도 쉬지 않고 계속 춤을 추었고 1주일이 지났을 무렵, 무려 34명의 사람들이 그녀와 함께 춤을 추고 있었습니다. 인원은 점차 늘어나 400명을 넘어섰고 그 수는 계속 늘어났습니다. 사람들은 화려한 복장을 하고 나무 막대를 하나씩 들고 계속 춤을 추어댔습니다.

위에서 얘기한 것처럼 몇몇은 뼈가 부러지고 몸이 붓고 갈증에 허덕이면서도 계속 춤을 추었고 많은 이들이 굶주림과 탈수로 춤을 추다 쓰러져 사망했습니다. 다들 한꺼번에 미친 사람처럼 비명을 지르고 눈물을 흘리고 옷을 찢어버리기도 했으며 갑자기 성관계를 맺기도 하고 드러눕기도 하고 동물들처럼 기어 다니거나 짖어대기도 했습니다. 구경하는 사람들에게 같이 춤추자고 제안하기도 했는데 구경꾼들이 싫다고 거절하면 덤벼들어 마구 때리기도 했습니다. 이러니 이에 영향을 받지 않은 보통 사람들이 얼마나 겁에 질렸을지 상상이 되시지요?

결국 나라에서는 이 사태를 해결하기 위해 전문가들을 한자리에 불러 모아 대책을 논의했습니다. 전문가들은 미친 듯이 춤을 추고 있는 사

악단의 연주에 맞춰 춤을 추고 있는 사람들. 당시 머리를 맞댄 전문가들은 춤 전염병에 대한 대책이 더 신나게 춤을 추게 하는 것이라 여겨 악사를 붙여주었다. 16세기 네덜란드의 플랑드르파 화가인 대(大) 피터르 브뤼헐이 그림을 그리고 장남인 소(小) 피터르 브뤼헐이 채색한 그림이다.

람들을 유심히 관찰한 다음, 그들의 문제는 피가 너무 뜨겁기 때문이며 춤을 춰서 그 열기를 날려 보내면 나을 것이라는 결론을 내렸습니다. 사람들이 춤에 지쳐 쓰러져 죽어가는 데 더 춤을 추게 하라니 의심스럽지만 일단 전문가들의 말을 따라보았습니다. 나라에서는 그 '뜨거운 피'를 빨리 빼기 위하여 악단을 고용하고 춤추는 사람들이 더욱 신명나게 춤을 출 수 있도록 댄스장을 짓고 밤낮으로 음악을 연주했습니다. 덕분에 신명난 사람들은 미친 듯이 춤을 추다가 죽어갔습니다. 게다가 구경하던 사람들까지 음악을 듣고 흥이 나서 같이 춤추며 똑같이 되는 경우가 늘어났습니다.

설령 죽지는 않더라도 많은 이들이 이 때문에 환상을 보고 환청을 듣기도 했고 가슴 통증이나 두통 증세를 호소하거나 발작을 일으키기도 했습니다. 사탄이나 마귀의 못된 짓이라고 생각한 곳에서는 이들을 대상으로 엑소시즘을 행하기도 했으며 성 비투스의 저주라고 생각한 사

악단의 연주에 맞춰 신명나게 춤추고 있는 사람들.

람들은 성 비투스 성상 앞에서 기도를 하고 성 비투스의 그림을 조각하여 댄스장에 붙여놓기도 했습니다.

　대부분 전염병이 발생하면 그저 환자들을 격리 조치하고 없어지기를 기다리는 것이 당시 유일한 해법이었기 때문에 이번에도 역시 몇몇 곳에서는 춤추며 난동을 부리는 사람들을 힘겹게 격리하고 병이 사라지기를 기다렸습니다. 댄스장에 악사를 풀어놓은 것이 매우 나쁜 방법이라는 것을 겨우 깨달은 높으신 분들은 환자들을 데리고 성 비투스 성당이 있는 곳으로 데리고 갔습니다. 데리고 갈 때 그들의 고통을 덜어줄 것이라 믿어진 뾰족한 빨간 구두를 모두에게 신겼다고 합니다. 여기서 어떤 동화가 연상되지 않나요?「빨간 구두」동화가 떠오르는 사람은 저뿐인가요?「빨간 구두」도「백설 공주」와 마찬가지로 어른의 시각에서 다시 읽으면 공포스러운 동화입니다. 분명 밝고 아름다운 동화 같았는데 시퍼런 도끼가 등장해 여자애 발목을 자르고, 빨간 구두를 신은 발이 피를 질질 흘리면서 계속 춤을 추는 내용이니까요.

정신없이 춤을 추는 사람들과 구경하는 사람들의 모습.

실제로 성 비투스의 기도가 통한 것인지 이러한 광란의 댄스 퍼레이드는 17세기까지 이따금 계속 이어지다가 서서히 자취를 감춥니다. 그 후 1962년에는 비슷한 사례로 아프리카의 탄자니아에서 100명에 가까운 여학생들이 웃음을 참지 못하고 계속 웃다가 실신하거나 눈물을 흘리고 몇몇은 2주가 넘도록 웃었다고 합니다. 때문에 학교가 문을 닫게 되었는데, 얼마 후 217명의 사람들에게 전염되어(?) 다들 웃느라고 정신을 차리지 못했습니다.

도대체 왜 이런 일이 일어났을까요? 진짜로 병이었을까요? 병이라면 어떤 병이었을까요? 어떤 사람들은 맥각중독증(ergot poisoning)이었을 것이라고 생각했지만 오늘날에는 그것은 아니라는 의견이 우세합니다. 이 병은 환각을 일으키기는 하지만 한 달 가까이 쉬지 않고 춤을 출 수 있는 무한체력을 공급하지는 못한다는 것이지요. 그 밖에도 뇌염이나 매독, 또는 간질일 가능성을 제시하며 몇몇은 대중 히스테리라고 설명하기도 합니다. 중세 유럽은 먹고 살기가 매우 힘들었고 흑사병과 같

춤추느라 정신없는 사람들을 치료하기 위해 끌고가고 있다. 16세기 네덜란드의 플랑드르파 화가인 대(大) 피터르 브뤼헐이 1564년에 그린 그림을 독일의 조각가 헨드릭 혼디우스가 1642년에 판화로 제작한 작품.

은 여러 차례의 큰 전염병과 홍역이나 수두 따위의 작은 전염병이 늘 잠복하고 있어서 언제나 죽음을 가까이 느끼면서 살아야 했으며 툭하면 가뭄이 들고 뭣 좀 수확했다 하면 권력자들에게 모두 빼앗기고……. 생각만 해도 무서운 시절이지요. 때문에 많은 사람들이 상상도 할 수 없는 커다란 스트레스에 억눌려 있어서 다함께 정신을 놓은 것일 수도 있지 않을까 싶습니다. 그 밖에 종교적인 이유나 컬트 집단의 소행, 마약, 실제로 악마에 씌인 것이라는 등 의견이 많지만 지금까지도 정확한 이유는 알 수 없습니다.

그야말로 고통의 행진이었던 중세에 비하면 오늘날의 삶은 얼마나 윤택하고 평화로운지요. 질병과 위생의 역사를 보고 있자면 우리는 수많은 시행착오와 고통 속에서 희생된 사람들 덕분에 편히 살고 있는 것 같습니다.

한복 입은 남자

이야기는 한 장의 그림에서 시작되었습니다. 처음에는 「한복을 입은 남자」라고 불렸으며 요즘은 「한국인 남자」로 불리고 있는 이 그림은 바로크의 거장 루벤스가 1617년에 그린 그림으로, 1983년에 경매에 나올 때까지는 제목조차 붙어 있지 않은 그림이었습니다. 경매에서 아주 높은 가격(한화 약 66억)으로 팔리고 난 뒤에 제목이 붙었지요. 그림을 찬찬히 보면 모자를 사랑했던 우리 선조들의 모습이 보입니다. 복장도 그렇고 영락없는 한국인입니다. 얼굴을 찬찬히 들여다봅시다. 이 그림 속의 남자를 두고 한국인처럼 생겼다. 아니다, 서양인처럼 생겼다, 등등 수많은 논쟁이 오갑니다. 하지만 1600년대, 한국인이 아니고서 저런 옷을 입고 나타나는 유럽 남자가 흔했을까 싶긴 합니다.

그럼 '안토니오 코레아' 라는 남자에 대해 이야기해봅시다. 임진왜란 당시, 많은 조선인이 포로로 끌려가 노예로 팔려나갔습니다. 1597~1598년에 일본에 왔던 이탈리아 상인 프란체스코 칼레티는 그곳에서 조선인 청년 5명을 사들입니다. 그들과 함께 당시 포르투갈 식민지였던 인도의 고아 지방으로 간 프란체스코 칼레티는 그들을 자유롭게 풀어주고 이탈리아어도 가르쳐주었습니다. 그리고 그곳에서 우리가 아는 조선의 무명씨는 안토니오라는 기독교식 이름을 얻고 성을 코레아로 바꾸었지요. 4년 뒤에 프란체스코 칼레티는 안토니오와 함께 이탈리아의 플로렌스로 갑니다. 안토니오 코레아는 로마에서 1년을 거주한 뒤 이탈리아 남부의 알비라는 곳에 정착합니다. 그가 정착한 이탈리아 남부를 비롯하여 남유럽에

'코레아'라는 성을 가진 사람들이 많이 살고 있어 조선인의 자손이 아니냐는 주장이 제기된 적이 있습니다. 하지만 사실 코레아(Corea, Correa, Coreas 등)라는 성은 유럽에서 예로부터 널리 퍼져 있던 성입니다. 이탈리아어의 코레아는 춤을 뜻하는 라틴어 코레아(chorea)에서, 스페인과 포르투갈에서는 벨트나 가죽 끈을 뜻하는 코레아(correa)에서 유래되어 성으로 만들어졌기 때문이죠.

그림은 1617년에 그려졌고 루벤스는 그 시기에 이탈리아에 있었습니다. '그렇다면 저 그림은 아무래도 안토니오 코레아 아니겠느냐?' 하는 주장이 있습니다. 근방에 조선인 복장을 하고 조선인 모자를 쓴 동양인 남자를 찾기가 그리 쉬운 일은 아니었겠지만 다른 조선인일 가능성도 있습니다. 하지만 2011년에 국립중앙박물관에서는 문제의 초상화를 전시하며 다음과 같은 주장을 했습니다. "이번 전시를 통해 박물관은 루벤스가 그린 초상의 주인공 안토니오 코레아가 임진왜란 때 왜군에 포로로 끌려간 뒤 네덜란드 스펙스 무역관장에게 발탁된 조선의 전직 관리였음을 밝힌다."

안토니오 코레아는 유럽에 처음으로 발을 들인 조선인으로 생각되어 유명하며 그와 함께 팔려갔던 다른 4명의 조선인들이 어떻게 되었는지는 알 수 없습니다. 머나먼 타지에서라도 부디 행복하게 사셨기를 빌어봅니다.

루벤스의 「한복을 입은 남자」(1617).

3. 「최후의 만찬」, 그 뒷이야기
- 천재 예술가 레오나르도 다 빈치를 매혹시킨 그것은?

"교량, 성채, 석궁, 기타 비밀 장치를 제조하는 데 본인과 견줄 사람은 다시없다고 확신하는 바임. 회화와 조각에 있어서도 본인에 버금갈 사람은 없음. 수수께끼 매듭 묶기에 있어서도 대가임을 자신함. 이 세상에 둘도 없는 빵을 구워낼 자신이 있음." 주1

1482년에 일자리를 구하는 한 지원자가 쓴 자기소개서의 일부분입니다. 단군 이래 최고의 스펙을 가진 청춘들이 일자리를 구하지 못해 쩔쩔매는 요즘, 이런 자기소개서는 비웃음만 살 뿐이겠죠. 요즘이라면 뛰어난 영어 성적과 자격증 두어 개는 기본이고 학력과 기업이 좋아하는 전공에 만점에 가까운 학점 정도는 있어야 할 테니 말이죠.

하지만 이 자기소개서를 쓴 지원자는 바로 합격했고 자신이 자신있게 써내려간 교량, 성채, 석궁, 회화, 조각에서뿐만 아니라 발명과 요리

르네상스가 낳은 천재, 레오나르도 다 빈치.

에서도 뛰어난 천재성을 보였습니다. 그의 이름은 바로 레오나르도 다 빈치(1452~1519)였죠. '르네상스가 낳은 천재'라고 불리는 모범적인 르네상스인이었던 레오나르도 다 빈치였으니 저 많은 분야에서 뛰어난 재능을 보인 것도 무리가 아니었죠.

레오나르도 다 빈치가 등장한 르네상스 시대에서 르네상스란 '부활'이라는 뜻으로, 14~16세기에 예술과 학문의 부활이 활발히 일어난 때를 가리킵니다. 고대 그리스·로마 시대를 최고의 시절이라 생각한 사람들은 철학, 예술, 건축, 문학, 사상 등 다방면에서 고대의 영광을 다시 한 번 누리고자 노력하며 새로운 시대를 열어젖힙니다. 중세를 벗어난, 새로운 세계를 창조하고자 한 바로 이 시기에 예술이 주목받기 시작했으며 대학에서 미술을 심도 있게 공부하였죠. 작품을 감상하고 후원하는 문화가 생기나 예술가들이 뛰어난 작품들을 폭발적으로 배출하기 시작

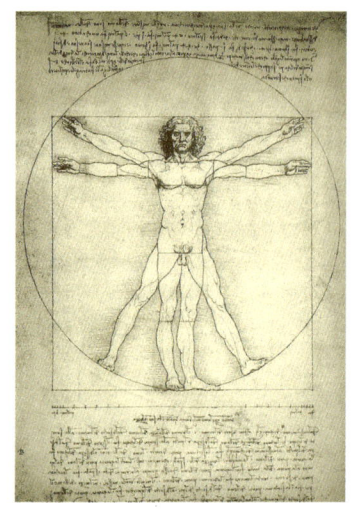
비트루비안 맨(1490).

했답니다. 이제 귀족뿐만 아니라 평민들도 돈만 있다면 얼마든지 멋진 화가들을 불러 가족들의 초상화를 그릴 수 있게 된 것이었죠.

종교를 중시하던 중세와 달리 인간과 이성을 중시하기 시작한 르네상스에는 르네상스만의 새로운 인간상이 존재합니다. 우리가 흔히 쓰는 말로는 팔방미인이라 부를 수 있는 이 인간상은 다방면에서 뛰어난 재능을 발휘하고 분야를 가리지 않고 천재성을 보임으로써 학문의 경계를 허물어버리는 것이었습니다. 요즘도 이런 팔방미인들을 '르네상스인'이라고 부르곤 합니다. '한 가지만 확실히 잘하면 된다!' 고들 하는 요즘 트렌드와 비교되는 이상향이죠.

새롭게 탄생하던 이 시기에는 르네상스인이라고 불렸던, 지금의 우리가 보기엔 그저 놀라울 뿐인 천재들이 많이 등장합니다. "인간은 원하면 모든 것을 해낼 수 있다."라고 말한 근대 건축 양식의 창시자인 이탈리아의 천재 건축가 알베르티(1404~1472)부터 르네상스 미술을 완성하였다는 평을 듣는 레오나르도 다 빈치까지 말이죠.

　레오나르도 다 빈치에게는 늘「최후의 만찬」,「모나리자」,「비트루비안 맨」의 명성이 따라옵니다. 모나리자의 은밀한 미소와 웅장한 최후의 만찬 덕분에 우리는 그를 천재적인 화가이자 발명가이자 건축가이며 기술자라고 알고 있지요. 하지만 500년의 세월이 흐른 지금까지도 지구 반대편의 사람들조차 그 이름을 모두 알고 있는 레오나르도 다 빈치가 진정으로 좋아했던 분야와 취미가 요리였다는 사실은 잘 알려져 있지 않습니다.

　레오나르도 다 빈치는 연인들의 속도위반 결과 태어난 아이였고, 그래서 각자 다른 사람과 결혼한 부모님의 집을 오가면서 자랐습니다. 어머니는 제과업을 하는 남자와 결혼을 했는데 덕분에 레오나르도는 맛있는 음식을 실컷 먹으며 자랄 수 있었죠. 얼마 후부터는 아버지에게 붙잡혀 공부하느라 어머니를 보러 자주 갈 수는 없었지만 왠지 통통한 배를 가진 후덕한 외모의 소유자였을 것 같은 의붓아버지는 귀여운 꼬마 레오나르도에게 맛있는 케이크와 과자들을 잔뜩 보내주었습니다. 사랑으로 가득한 간식들을 입에 달고 다녔던 덕분에 레오나르도는 살이 아주 포동포동하게 올랐고 화가 안드레아 델 베로키오(1436~1488)의 작업장에서 공부할 때는 '뚱보'라는 별명으로 불렸습니다.

　레오나르도가 '뚱보'라는 별명을 벗을 수 있었던 것은 레오나르도의 천재성이 발견된 순간과 일치했습니다. 굴러다닐 것 같이 뚱뚱한 레오나르도가 꼴 보기 싫었던 스승 베로키오는 레오나르도에게「그리스도의 세례」라는 그림의 배경에 들어갈 천사를 그리라고 시켰습니다. 제대로 그리지 못할 것이 뻔하니 만날 돼지처럼 처먹기만 하지 말고 그림

안드레아 델 베로키오가 그린 「그리스도의 세례」(1472~1475년 무렵).

연습 좀 하라고 혼쭐을 내줘야겠다고 생각했을 터인데 예상 외로 레오나르도는 완벽하게 아름다운 천사를 그려냈고 되레 베로키오가 제자가 그린 천사를 보고 놀라 이후 붓을 꺾고 조각만 하게 되었습니다.

그러니 천재적인 재능을 가진 제자 놈이 어느 날 갑자기 식당의 부엌에서 일하겠다고 선언했을 때 스승인 베로키오가 얼마나 펄펄 뛰었을지 눈에 선하지요. 하지만 워낙 다방면에 재능을 갖고 있던 레오나르도에게 있어 종합 예술인 요리는 흥미진진한 새로운 영역이었습니다. 아직 요리가 많이 발달하지 못했던 15세기 말 당시 부엌에는 사람이 바글바글했고 아주 사소한 일까지 일일이 사람 손을 거쳐야 했으며 음식은 그저 돈이 있으면 고기, 고기, 또 고기를 먹는 식이었죠. 고기만이 최고라고 생각하던 당시 사람들에게 당근을 조각하고 빵 위에 잎사귀를 올린 음식을 내놓는, 당시로서는 상상도 할 수 없는 '4차원' 요리를 만들어내던 레오나르도는 부엌에서 일을 시작한 지 약 5년 뒤에 친구이자 불멸의 명화 「비너스의 탄생」으로 유명한 화가 보티첼리와 함께 술집을 차리기도 했습니다.

술집 이름은 '산드로와 레오나르도의 세 마리 개구리 깃발'이라는 엄청나게 긴 이름이었고 간판용으로 깃발도 세웠는데 이 깃발은 두 사람이 각자 한쪽 면씩 그렸으니 지금까지 남아 있다면 부르는 게 값이겠지요. 메뉴판은 오른쪽에서 왼쪽으로 쓰질 않나, 고기만 좋아하는 손님들에게 멸치 두어 마리를 내놓질 않나, 회화부터 의학에 이르기까지 엄청난 재능을 보였던 레오나르도 다 빈치도 경영에는 영 소질이 없었던 모양인지 지나치게 뛰어난 실험 정신을 선보이던 술집은 얼마 지나지 않아 글자 그대로 쫄딱 망해버렸습니다.

레오나르도가 그린 천사 부분 확대 그림.

형편없는 요리사로 소문이 나서 일자리를 구하기는 쉽지 않았지만 그림 그리기는 따분하다고 생각했던 레오나르도는 빈둥거리다가 1482년, 밀라노로 떠났습니다. 그리고 밀라노의 루도비코 스포르차 대공에게 자기소개서를 내밀었지요. 스포르차 가문은 당대에 아주 잘 나가는 집안이었는데, 이런 식으로 잘난 체하는 자기소개서는 처음 받아본 루도비코 스포르차는 레오나르도가 아무 이유없이 이런 글을 쓰진 않았을 것이라 생각하며 그를 고용하였습니다.

그때부터 레오나르도 다 빈치는 그토록 염원하던 요리 연구에 온 힘을 쏟을 수 있게 되었죠. 하루에도 수십 수백 명을 먹여야 하는 대공의 부엌을 좀 더 효율적으로 만들기 위해 레오나르도 다 빈치는 온갖 것들을 발명하기 시작했고 레오나르도 다 빈치의 발명품들은 현재까지도 우리의 삶 깊숙이 파고들어와 있습니다.

레오나르도 다 빈치의 가장 유명한 발명품은 헬리콥터, 탱크, 낙하산 등이 있으며, 부엌 및 요리와 관련되어 레오나르도가 발명한 것 중 말만 들어도 무릎을 칠 만한 것들은 컨베이어 벨트, 후추갈이, 호두까기 기계, 마늘 분쇄기, 병따개, 건조대 등이 있습니다.

특히 요리와 관련해서 우리 눈이 휘둥그레질 발명품으로는 냅킨이 있지요. 수많은 사람들이 밥을 먹고 난 후 더러워진 식탁보를 보며 레오나르도는 사람들에게 조그만 천을 나눠주면 된다고 생각했고 그 천을 아름답게 접는 법까지 구상해냈지만 사람들은 아직 레오나르도의 교양을 따라오지 못해 천으로 장난을 치고 공처럼 말아 던지는가 하면 몰래 음식을 씨가는 데 사용하기도 했습니다.

레오나르도 다 빈치가 발명한 모든 기계들은 분명 천재적이고 창의적이

레오나르도 다 빈치가 그린 루도비코 스포르차(왼쪽)와 부인 베아트리체 데스테.

었지만 문제가 하나 있었습니다. 바로 크기였죠. 모든 기계들은 상상할 수 없을 만큼 거대했고 그렇잖아도 사람이 바글바글한 부엌에 거대한 기계들까지 들여놓으려니 부엌이 좁아서 미어터질 지경이었습니다. 불이 나면 바로 물을 뿌리는 살수 소화 장치까지 발명한 레오나르도의 천재성이었지만 그것 역시 크기가 어마어마했죠.

그래서 레오나르도는 자신을 향한 루도비코 스포르차의 무한한 신뢰를 이용하여 부엌을 점점 늘려나갔습니다. 잔뜩 신이 난 레오나르도의 지휘 아래 스포르차 가문의 무기고, 대연회장, 심지어 루도비코 어머니의 방까지 부엌이 되어버렸죠. 그렇게 엄청난 공간을 차지했음에도 불구하고 레오나르도의 기계들은 워낙 크고 복잡하여 작동하는 데에만 수많은 사람들이 매달려야 했습니다. 만찬 한번 먹으려면 부엌에서 마치 폭탄을 터트리는 듯한 소리들이 들려오니 루도비코 스포르차는 이렇게 말했습니다.

"사람의 노동력을 아끼기 위해 지난 수 개월 노력해온 결과가 이렇다. 이전에는 주방에 요리사 스무 명만 있어도 충분했는데 이제는 근 백 명이나 되는 놈들이 바글거리고 있다. 내가 보기엔 요리라고 시늉이라도 내는 놈은 없고 하나같이 주방 바닥과 벽을 차지한 거대한 기계에 매달려 있다. 어떤 기계도 원래 의도했던 대로 작동하는 것은 없는 것 같다." [주2]

이처럼 부엌을 난장판으로 만들고 루도비코의 결혼식에 쓰겠다며 성벽 높이의 케이크를 만들었다가 쥐떼에 뒤덮이고 손님에게 아기자기하게 조각한 당근 한 조각을 내놓겠다는 레오나르도를 말리면서도 루도비코는 계속해서 레오나르도를 후원해주었습니다.

그러던 어느 날 산타 마리아 델레 그라치에 수도원에서 벽에 그림을 그려야겠다고 하자 루도비코는 레오나르도를 보냈습니다. 그림 그리는 일에 시큰둥하던 레오나르도였지만 이번 주제는 요리광인 그의 취향에 딱 들어맞는 것이었죠. 그것은 바로 「최후의 만찬」이었습니다. 예수와 그의 제자들이 나누는 마지막 식사와 그 이후 일어난 배신, 희생, 부활 등을 암시하는 묵직하고 위대한 순간이건만 레오나르도 다 빈치의 관심은 온통 인물이 아닌 음식에 쏠려 있었습니다.

'예수는 이 세상에서 마지막으로 제자들과 무엇을 먹었는가!', '그것만큼 중요한 일이 어디 있단 말인가!' 싶었던 레오나르도는 「최후의 만찬」을 그리는 데 무려 3년을 투자했는데, 그중 2년 9개월을 식탁 위에 놓일 음식과 와인을 고르고 그리는 데 사용하였습니다. 도자기를 빚는 장인의 마음으로 수도원에 있는 모든 와인을 다 마셔보며 "아냐, 이것도 아니야!"라고 외치던 레오나르도 탓에 수도원장은 술창고가 말라붙고 이 요리 저 요리 하도 실험을 해대는 통에 수도사들이 굶어 죽어가고 있다고 루도비코에게 항의하기도 했습니다. 무려 33개월 동안 요리만 고르고 앉아 있던 레오나르도는 요리가 확정되고 나자 요리 고르는 데 들인 시간에 비하면 정말 눈 깜짝할 사이인 석 달 만에 인물들을 다 그려 넣으며 그림을 완성시켰습니다.

2년 9개월이나 음식만 들여다보고 나니 겨우 직성이 풀렸는지 그 후 한동안 레오나르도는 다른 일들에 몰두했습니다. 그림을 그리기 시작하여 헝가리로 가서 왕족의 초상화를 그리는가 하면, 4년에 걸쳐 불후의 명작 「모나리자」를 그리기도 했습니다. 틈틈이 레오나르도 자신에겐 소소할지 몰라도 인류에겐 엄청난 발명들을 노트에 기록하던 그는 요리에 관한 또 하나의 놀라운 발명을 하게 됩니다. 중국에선 이미 국수를 먹고 있었지만 유럽은 아직 우리가 생각하는 포크조차 없던 그 시절에 반죽 덩어리였을 뿐인 당시의 '파스타'를 길고 가늘게 만들어서 '스파게티'를 발명해낸 것이었죠.

반죽을 쭉쭉 잡아당겨 먹을 수 있는 끈이라 이름 붙인 스파게티를 만들어낸 레오나르도는 사람들이 이 음식을 편하게 먹을 수 있도록 하기 위해 이가 셋 달린 포크까지 발명합니다. 사람들은 시큰둥했지만 프랑스 왕 프랑수아 1세는 먹을 수 있는 끈을 아주 흥미진진한 발명이라 생

산타 마리아 델레 그라치에 수도원에 그려진 「최후의 만찬」(1495~1497년 무렵). 이 장엄한 순간을 그리면서 다 빈치는 과연 무엇을 가장 중요하게 생각했을까?

각했고 레오나르도에게 성 한 채를 선물로 하사하고는 툭하면 놀러와서 신나게 먹고 마시고 놀았습니다. 레오나르도가 그토록 원했던 다양한 요리를 즐기고 실험하는 꿈이 이루어진 것이었죠. 그렇게 3년을 프랑수아 1세와 즐겁게 보낸 레오나르도는 1519년 위대한 천재의 삶을 마감하였습니다.

   역사에 길이 남은 여러 천재들처럼 레오나르도 다 빈치 역시 주어진 재능만을 허비하지 않았습니다. 그는 자신이 원하는 분야에서 사람들이 아무리 무시하고 타박해도 굴하지 않고 끊임없이 도전하며 열정을 불태웠고 그 덕에 지금까지도 전해지는 엄청난 발명품과 예술 작품들

영원한 미소, 「모나리자」(1503~1506년 무렵).

을 남길 수 있었습니다. 천재는 노력하는 자를 이길 수 없고 노력하는 자는 즐기는 자를 이길 수 없다고 합니다. 레오나르도 다 빈치는 즐기면서 노력하는 천재였으니 이런 놀라운 업적들을 이루어낸 것도 당연한 일일지도 모르겠네요.

4. 또 하나의 천일의 스캔들
– '천일의 앤'의 자매 메리 불린 이야기

『스캔들 세계사』 1권에서 무려 6명이나 아내를 갈아치웠던 영국 왕, 헨리 8세 이야기를 했습니다. 장미 전쟁 이후 생겨났던 튜더 왕조의 두 번째 왕이었던 헨리 8세는 아들 하나를 보기 위하여 지금까지도 세계적으로 유명한 스캔들을 만들어내고 교황청에 반기를 들고 국교를 바꾸었죠. 그런 헨리 8세의 첫 번째 왕비였던 캐서린은 스페인의 막내 공주로 귀하게 자라났지만 아들을 낳지 못해 남편의 냉대 속에 지내고 있었습니다.

캐서린은 점점 나이가 들어 갱년기가 다가오고 있었죠. 일부일처제인 유럽에서 왕비가 후계자를 생산하지 못한 채로 갱년기가 된다는 것은 국가 전체가 위태로워지는 일이었기에 신경이 곤두선 헨리와 캐서린의 관계는 파국을 향해가고 있었습니다.

때문에 헨리 8세는 베시 블런트라는 귀족 여성 사이에 태어난 아들인

이성보다 감성이 앞서 사랑을 위해 몸을 내던지곤 했던 메리 불린. 프랑스 왕으로부터 '대단하고 파렴치한 창녀'라는 별명을 얻었다.

헨리를 자신의 아들로 인정하고 피츠로이라는 성을 내려주었죠. 피츠로이가 왕의 서자에게 내리던 성이라고 1권에서 말씀드렸죠? 그 후에 헨리에게 수많은 직위를 내려주며 헨리 피츠로이를 거의 왕자 수준으로, 후계자 수준으로 만들어두었어요. 심지어 큰딸 메리와 결혼시킬 생각을 하기도 했죠. 교황청에서도 받아들이려고 하기도 했구요. 하지만 헨리 피츠로이는 서자. 그 이상도 이하도 될 수 없었고 헨리 8세도 그걸 잘 알고 있었습니다.

그럼에도 불구하고 헨리 8세의 아들 집착이 서자를 후계자 수준으로 만드는 것을 곁에서 지켜본 귀족 가문들은 '오호라, 이것 봐라?' 싶었겠죠. 그리고 그때 이번 이야기의 주인공 메리 불린(1499~1543)이 등장합니다.

헨리 8세의 왕궁에는 아주 힘이 센 여러 가문들이 있었습니다. 가장 유명한 것은 불린 가문, 하워드 가문, 세이모어 가문입니다. 불린 가문은 튜더 왕조와 함께 성장한 집안으로 왕과 가장 친밀한 관계를 자랑하는 당당한 집안이었습니다. 때문에 하워드 가문의 딸인 엘리자베스와 불린 가문의 토머스 사이에서 태어난 메리, 앤, 조지, 이 삼남매는 당대

최고의 엘리트 교육을 받고 최고의 인맥을 자랑했습니다. 아래 표에서 보이듯이 불린, 하워드, 세이모어, 이 세 가문은 모두 헨리 8세의 왕비와 연인을 배출했습니다.

    헨리 8세의 여동생인 메리 공주가 프랑스의 루이 12세에게 시집갈 때 15살쯤 되었던 앤과 메리 불린 자매도 따라가게 됩니다. 미국 드라마 「튜더스The Tudors」를 보신 분들께선 포르투갈로 시집간 마거릿으로 잘못 알고 계실 텐데요. 메리 공주는 나이가 많은 루이 12세에게 시집을 갔고 몇 달 뒤 루이 12세가 사망하자 영국으로 돌아옵니다. 그리고 찰스 브랜든과 몰래 결혼을 하죠(관련 이야기는 70쪽에서 확인하세요).

    앤과 메리의 아버지인 토머스 불린은 당시 영국 대사로 프랑스에 머물고 있었습니다. 그 덕분에 메리 공주가 데리고 온 영국 레이디들을 다 돌려보낼 때도, 그리고 메리 공주가 영국으로 돌아갈 때도 불린 자매는 프랑스에 남아 있었습니다. 새로 즉위한 프랑수아 1세(1494~1547, 재위 1515~1547)의 왕비 클라우데(1499~1524)의 궁중 말동무로서 불린 자매는 프랑스 궁정 생활을 경험하고 당시 매우 교양 있는 것으로 여겨졌던 프랑스어도 익혔습니다. 21살의 나이로 즉위한 프랑수아 1세는 메리 불린

세 가문과 헨리 8세의 관계

가문명	배출한 왕비	비고
불린 가문	메리 불린(연인) 앤 불린(헨리 8세의 두 번째 왕비)	엘리자베스 1세 출산
세이모어 가문	제인 세이모어(헨리 8세의 세 번째 왕비)	에드워드 6세 출산
하워드 가문	캐서린 하워드(헨리 8세의 다섯 번째 왕비)	메리 불린, 앤 불린의 사촌

을 보고 마음에 들어 하여 연인으로 삼게 됩니다. 메리는 프랑수아 1세 이외에도 다른 연인들이 있었던 것으로 알려져 있습니다. 그런데 프랑수아 1세가 참 괘씸한 것이, 그는 루이 12세의 아들이 아니었고 당시 프랑스에서는 여성이 왕위를 이을 수 없다는 법이 있었기 때문에 루이 12세가 자신의 딸과 프랑수아를 결혼시켜서 사위를 왕으로 만들어준 것이

레오나르도 다 빈치와 스파게티를 나눠 먹었던 프랑수아 1세.

었습니다. 누구 덕에 왕이 됐는데 그 상황에서 부인을 두고 다른 여자와 바람을 피운 것이었죠.

프랑스에서 지내면서 앤과 메리는 전혀 다른 평판을 얻게 됩니다. 앤 불린이 네덜란드와 프랑스 등에서 '내 작은 불린(la petite Boulin)'이라 불리며 지적이고 패셔너블한 점 등을 칭찬받았던 데 비해 메리 불린은 그와는 급이 다른 평판을 얻게 됩니다. 프랑수아 1세가 메리 불린을 '대단하고 파렴치한 창녀(una grandissima ribalda, infame sopra tutte)'라고 칭했기 때문이죠. 그리고 프랑수아 1세는 메리를 자신이 자주 타고 다니는 '영국산 암말'이라고 칭하기도 합니다. 때문에 메리는 이후 '대단한 창녀'라는 별명을 떨치지 못하게 됩니다.

1519년에 영국으로 돌아온 메리는 헨리 8세의 첫 번째 왕비인 캐서린

의 궁중 말동무가 됩니다. 그리고 곧 집안에서 정해준 대로 결혼을 하지요(궁중 말동무에 대해서는 『스캔들 세계사』 1권을 참조하세요).

메리의 남편인 윌리엄 캐리(1500~1528)는 당시 영향력이 컸던 인물인데요. 젊은 나이였지만 왕과 굉장히 친해서 같이 놀러 다니고 사냥하고 춤추고 수영하며 왕이 아주 총애하는 궁중 말동무 중 한 명이었습니다. 메리

헨리 8세.

불린과 윌리엄 캐리의 결혼식에 왕인 헨리 8세가 친히 납시어 결혼을 축하해주었으니 엄청난 영광이었겠죠?

하지만 그렇게 결혼식까지 참석해서 축하해 주었던 헨리 8세가 메리 불린의 매력에 홀라당 빠져버립니다. 그리고 불린 가문에서는 당연히 메리가 헨리 8세의 눈을 붙잡아 두도록 최선을 다하게 되지요. 때문에 윌리엄 캐리는 결혼한 지 얼마 되지도 않아서 부인과 떨어져 지내게 됩니다. 자신은 왕의 친구 역인데 자기 부인은 왕의 연인 역인 상황이라 매일 왕이 자기 부인이랑 알콩달콩 지내는 걸 보면서 웃어야 했던 윌리엄 캐리는 속이 썩어 문드러졌을 법합니다.

대신에 헨리 8세는 불린 가문과 윌리엄 캐리에게 수많은 선물을 주었

습니다. 작위와 영지도 내려주고 돈도 주고 보석도 주고, 정말이지 부인만 빼고 다 주었죠. 윌리엄 캐리는 그게 좋았을지는 모르겠지만 왕과 함께 흥청망청 놀았고 많은 빚을 지게 됩니다. 헨리 8세와 메리 불린이 알콩달콩 지낸 지 얼마 되지 않아 딸이 태어납니다. 딸의 이름은 캐서린이었습니다. 누구 놀리는 것도 아니고 남의 남편과 불륜을 저질러 낳은 딸 이름을 본처 이름으로 짓다니 요즘 상식으로는 이

메리 불린의 남편 윌리엄 캐리. 그러나 친한 친구 사이기도 했던 왕 헨리 8세에게 부인을 빼앗기는 쓸쓸한 삶을 살아야 했다.

해할 수 없는 일이죠. 물론 아이의 이름은 캐서린 캐리(1524~1569)가 됩니다. 하지만 불린 가문에서 왕의 아이를 가지고 싶어 했기 때문에 메리 불린이 윌리엄 캐리와 관계를 맺었을 가능성은 희박합니다.

캐서린 캐리는 훗날 프랜시스 놀리스 경과 결혼하여 놀리스 부인이 되어 아이를 무려 14명이나 낳습니다. 그리고 엘리자베스 1세의 궁중 말동무로 들어가게 되지요. 엘리자베스 1세의 엄마가 앤 불린이므로 사촌의 지위로 들어간 것이지만 캐서린이 헨리 8세의 서녀라면 사실 엘리자베스 1세와 캐서린은 이복자매가 됩니다. 2년 후, 메리에게서 아들인 헨리 캐리(1526~1596)가 태어납니다.

헨리는 1526년에 태어나는데 헨리가 태어날 때쯤에는 이미 메리와 헨리 8세의 관계는 끝난 것과 마찬가지였습니다. 때문에 헨리가 헨리 8세의 아이냐 하는 문제는 역사학자들 사이에서 논란이 되곤 하는데요. 서자들은 일부러 아버지의 이름을 가져다 붙이곤 했기 때문에 헨리 8세

의 아들일 가능성이 없지는 않은 듯하죠. 게다가 당시 헨리의 어린 모습은 헨리 8세를 많이 닮았었다고 합니다. 물론 지금처럼 유전자 검사를 해볼 수 있는 것도 아니기 때문에 헨리 8세의 서자인지 아닌지는 알 수 없었습니다.

헨리는 16명의 자식을 보았습니다. 불린 가문이 앤 불린과 함께 사그라져 버렸기 때문에 사실상 불린 가문의 유일한 남자 후계자였던 헨리

캐서린 캐리. 헨리 8세의 또 다른 딸일까?

는 외할아버지인 토머스 불린이 가지고 있던 윌트샤이어 백작 지위를 계속 원했습니다. 하지만 끝까지 주어지지 않다가 나이가 70이 되어 죽기 직전에야 엘리자베스 1세가 지위를 주겠다고 했습니다. 살아생전에는 그렇게 원해도 안 주더니 죽기 직전에나 주겠다고 하나 싶어 화가 난 헨리는 "제가 살아 있을 때 허락하지 않으신 명예이니 죽어서도 받지 않겠나이다."라고 하며 거절해버렸습니다.

헨리를 낳았을 때쯤 메리 불린은 이미 헨리 8세의 눈 밖에 나있었습니다. 헨리 8세의 눈에는 이제 메리의 자매인 앤 불린이 콕 박혀 있었지요. 여기서 재미있는 것은 헨리 8세는 자신의 형의 부인인 캐서린 왕비와 결혼한 것이 양심에 너무나 찔린다며 자신의 형수는 자신의 누나와 같으며 따라서 근친상간이 되므로 결혼을 무효로 해야 한다고 주장했는데요. 그렇다면 사실 메리 불린의 자매인 앤 불린과 관계를 갖거나 결혼하는 것 역시 근친상간에 해당되지요. 하지만 막무가내에 고집불통인 우리의 헨리 8세! '내가 하면 로맨스, 남이 하면 불륜' 이라고 자기 맘에 안 드는 캐서린과는 무조건 결혼을 무효로 하고 자기 맘에 드는 앤 불린과의 결혼은 용서만 구하고 휙 결혼했죠.

메리는 당시 영국에서 유행하던 발한병(61쪽 참조)으로 남편 윌리엄 캐리를 잃습니다. 발한병이란 1485~1551년 사이에 발생한 유행병으로 어느 날 갑자기 쓰러져서 땀을 뻘뻘 흘리다가 2, 3시간 안에 사망하는 무서운 질병입니다. 헨리 8세 통치 시절에 영국에서 이 질병이 한창 유행했는데, 헨리 8세는 병이라면 기겁을 하고 공포에 떨었기 때문에 발한병을 피해 이리저리 도망 다니곤 했습니다.

앤 불린과 결혼만 남은 헨리는 앤과 메리를 데리고 프랑스의 칼레로 놀러갑니다. 당시 이곳은 영국령이었는데, 영국이 대륙에 있는 모든 땅과 힘을 죄다 잃고도 복잡한 족보와 더불어 이 눈곱만한 영국령 프랑스 땅을 핑계 삼아 영국 왕들은 '짐은 영국, 아일랜드, 프랑스의 왕이다!' 라고 허세를 부릴 수 있었죠. 헨리 8세의 장녀인 메리 1세 시절엔 칼레를 잃어버리게 되지만 그래도 영국 왕들은 무려 1801년까지도 프랑스의 왕이라고 칭하는 것을 멈추지 않았답니다. 메리는 이곳에서 윌리엄 스태퍼드라는 평민 남자를 만나고 아버지

아들을 낳지 못하던 이모 앤 불린에게 입양되기도 했던 헨리 캐리. 역사가 조금 다르게 흘러갔고 헨리 8세가 아들로 인정했다면 헨리 9세가 되었을 수도 있다.

나 자매인 앤 불린, 그리고 국왕 헨리 8세의 허락도 받지 않고 몰래 결혼을 합니다. 이때 앤 불린은 이제 왕비였기 때문에 집안의 어른이었으므로 결혼을 하려면 앤의 허락을 받아야 했습니다.

　당시 그런 결혼은 매우 못된 짓이었기 때문에, 그리고 윌리엄 스태퍼드는 장남도 아닌 차남에다 신분은 별 볼일 없는 평민이요, 직업도 그냥 군인이었기 때문에 집안에 보탬이 될 구석이라곤 눈 씻고 찾아봐도 아무것도 없었으므로 비밀 결혼이 들통 나자 한바탕 난리가 납니다. 앤 불린은 화가 머리끝까지 나서 메리를 궁에서 내쫓아버립니다. 쫓겨나면

서 메리는 "더 높은 지위의 더 대단한 사람과 결혼할 수도 있었겠지만 이처럼 나를 사랑해주고 정직한 남자는 없어."라면서 "유럽에서 가장 위대한 왕비가 되느니 이 남자와 길에서 빵을 구걸하며 살 거야."라는 명언(?)을 남깁니다. 이런 걸 보면 메리는 악독한 매춘부가 아니라 그냥 사랑에 홀랑홀랑 잘 빠지는 성격이었던 것 같아요

하지만 윌리엄 캐리가 죽으면서 빚만 잔뜩 남겨 놓았고 윌리엄 스태퍼드도 땡전 한 푼 없는 남자였기 때문에 얼마 후 메리는 앤과 헨리 8세, 토머스 불린, 조지 불린, 토머스 크롬웰 등에게 도와달라고 간청합니다. 하지만 앤 불린 말고는 어느 누구도 도움의 손길을 뻗어주지 않지요. 앤은 메리가 자기 몰래 결혼했다고 했을 때 가장 화를 많이 냈지만 그래도 자매인지라 메리가 가장 힘들어할 때 먼저 도와줍니다. 하지만 앤이 왕비 자리에서 쫓겨나 런던탑으로 가게 되자 메리는 몸을 사리며 앤에게도 남동생인 조지에게도 엄마나 아빠에게도 전혀 연락을 취하지 않습니다. 오직 메리의 7살 난 딸 캐서린 캐리만이 이모인 앤의 요청에 따라 런던탑으로 따라와 이모의 시중도 들고 말동무도 되어줍니다.

앤의 죽음이 상당히 아이러니하면서도 헨리 8세가 참 나쁜 남자인 것이, 앤 불린에게 푹 빠져 있을 때는 메리 불린과의 관계에 대해 용서만 빌고 결혼하더니 앤을 죽이기 위해 수많은 이유들을 들 때는 '메리랑도 자고 앤과도 잤으니 이것은 근친상간이다'라고 하기도 했습니다. 앤 입장에선 기가 찰 소리죠. 그렇게 앤은 목이 잘리고 앤과 메리의 남동생인 조지 불린 역시 자신의 누나와 관계를 가졌다는 혐의로 처형됩니다. 두 사람이 관계를 가졌다는 증언을 한 사람이 조지 불린의 부인이 제인 피기입니다. 정말이지 콩가루 폴폴 날리는 집안이 따로 없지요(자세한

이야기는 1권의 헨리 8세 이야기를 참고하세요). 그리고 이렇게 한 시대를 풍미했던 명문 불린 가는 대가 끊어집니다. 물론 혈통은 이어졌지만 가문명 자체는 사라졌죠. 메리 불린은 자신에게도 불똥이 튈까 두려웠기 때문인지 남편과 조용히 숨 죽이고 살다가 44살 무렵에 세상을 떠납니다.

영국사에서 가장 유명한 왕비 가운데 하나인 앤 불린의 자매가 헨리 8세의 연인이었고 왕의 서자인 아들을 낳았을지도 모른다는 것은 많은 흥미를 불러일으킵니다. 특히 작가 필리파 그레고리의 역사 소설 『불린 가의 또 다른 소녀 The Other Boleyn Girl』가 대중적으로 큰 인기를 끌면서 메리 불린의 존재는 세상에 더욱 잘 알려지게 되었습니다. 이 소설은 「천일의 스캔들」(2008)이라는 영화로도 만들어졌습니다.

그 밖에도 메리 불린을 다룬 역사서로는 엘리슨 위어가 쓴 『메리 불린: 왕의 연인 Mary Boleyn: The Mistress of Kings』, 조세핀 윌킨슨이 쓴 『메리 불린: 헨리 8세의 가장 총애받은 연인 Mary Boleyn: The True Story of Henry VIII's Favourite Mistress』 등이 있습니다.

5. 잠들지 마라!

– 헨리 7세의 대관식을 연기시킨 미스터리한 유행병 이야기

중세, 하면 용맹한 기사와 아름다운 공주, 자애로운 왕과 왕비, 근엄한 교황, 진지한 학자 등의 이미지가 강하지만 사실 중세 시대만큼 병 걸리기 딱 좋은 시대도 없었습니다.

과거보다 인구는 훨씬 늘어나고 도시에 사람들은 와글와글 모여 사는데 위생이란 개념은 눈 씻고 찾아볼래야 찾아볼 수도 없고 쥐, 이, 벼룩은 사방 천지에 널려 있어 한 번 전염병이 퍼지면 막을 도리가 없었죠. 게다가 치료라고 해봤자 약초를 태우고 팔을 칼로 찢어 피를 흘리게 하고 거머리를 배에 붙여놓는 정도였으니 대부분의 환자들은 손조차 쓰지 못하고 허망하게 스러져갔습니다.

먼 옛날 수많은 사람들의 생명을 손에 쥐고 흔든 무시무시한 병들의 대부분은 현재 원인이 밝혀졌을 뿐만 아니라 약 한 알, 주사 한 번이면 쉽게 고쳐지고 예방됩니다. 하지만 오늘날까지도 그 원인이 밝혀지지

않은 미스터리한 병들이 있었으니, 앞서 이야기한 춤 전염병과 이번 장에서 소개하는 발한병입니다.

영국 역사상 가장 말도 많고 탈도 많았던 튜더 왕조(1485~1603) 시절 영국을 뒤흔든 무시무시한 병이 하나 있었습니다. 걸렸다 하면 땀을 뻘뻘 흘리는 증상 탓에 발한병(Sweating Sickness) 또는 영국 발한(English Sweat)이라고 불리기도 한 이 병은 15세기부터 16세기에 이르기까지 수많은 사람들을 죽음으로 몰아갔지만 현재까지도 정확한 정체를 알 수 없습니다.

발한병의 증상은 사람들에게 공포감을 심어주기에 충분했는데 그 이유는 병의 첫 증상이 감정을 변화시켰기 때문이었습니다. 아직 몸에는 아무런 증상도 나타나지 않았는데도 깊은 우울감과 함께 끝이 오고 있다는 공포가 먼저 엄습하는 것이었죠. '어째 기분이 좀 처지네~' 싶으면 갑자기 오한이 들면서 두세 시간 동안 온몸이 아파오고 무거운 피로감에 침대에 누우면 곧 땀이 온 몸에서 비오듯 쏟아져나오기 시작했습니다. 땀으로 온 몸과 침대를 흠뻑 적시다보니 환자는 지쳐서 눈도 뜨기 힘들어했고 잠을 참지 못하고 깊은 수면으로 빠져드는데 대부분 그 잠에서 영원히 깨어나지 못했습니다.

이렇게 공포감이 죽음으로 바뀌는 데는 고작 3~18시간 정도가 걸릴 뿐이었고 용케 살아난다고 해도 발한병은 면역이 되지 않아 몇 번이고 다시 걸릴 수가 있었습니다. 살아남는 유일한 방법은 24시간 이상을 환자가 알아서 버텨내는 것이었죠. 딱히 원인도 모르고 약도 없으니 오로지 '악으로, 깡으로' 버티는 수밖에 없는 체력전이었던 것이죠. 1517년에 런던을 방문했던 외국 사절들은 "9시엔 궁에서 춤을 추다가 11시엔

죽는 경우들이 있었다."고 기록하고 있습니다. 주3

영국에만 국한되었고 잠깐씩 나타났던 이 병은 생각보다 세계사에 큰 영향을 미쳤습니다. 1권에서 장미 전쟁부터 엘리자베스 1세에 이르기까지 가볍게 튜더 왕조를 훑어보았는데요. 이번 이야기를 읽으시기 전에 한 번 복습하면 더욱 이해하기 편할 것입니다. 튜더 왕조를 시작했던 헨리 7세 기억하시죠?

마치 튜더 왕조의 시작을 저주라도 하듯 헨리 7세가 런던으로 입성하기 직전인 1485년 8월에 이 병은 발견되었고 약 두 달 만에 수천 명의 사람이 사망하였죠. 이 병 탓에 헨리 7세는 대관식을 연기해야만 했습니다. 일반적으로 면역력이 떨어지고 쇠약한 노인이나 아이들이 가장 먼저 전염병이나 질병에 희생되는 데 반해 이 발한병은 젊고 건강하고 부

장미 전쟁을 끝낸 승자로 웃으며 런던에 입성했지만 미스터리한 유행병의 공포에 내관식까지 미뤄야 했던 튜더 왕조의 첫 번째 왕, 헨리 7세.

유한 사람들 사이에서 많이 발견되는 특징이 있어 왕족과 귀족들을 더욱 공포에 몰아넣었습니다. 1485년을 시작으로 1492년에 아일랜드를 휩쓸고 간 발한병은 한동안 잠잠했다고 기록되고 있습니다. 1502년, 헨리 7세의 큰아들인 아서 왕자가 지금까지도 원인을 알 수 없는 질병으로 고통받은 지 얼마 되지 않아 사망하였는데 이 역시 발한병이 아니었을까 추측하기도 합니다. 아서 왕자가 사망하고 5년 뒤인 1507년에 잠시 나타났던 발한병은 아서 왕자의 동생인 헨리가 왕이 된 이후인 1517년에 다시 한 번 등장했고 이번에는 그 무시무시한 위력을 제대로 과시하였습니다.

몇몇 마을은 주민의 절반이 발한병으로 사망했다고 기록하고 있습니다. 1528년에 이 병이 다시 등장했을 때는 런던이 큰 타격을 받았습니다. 오늘날 서울이 그렇듯이, 예전에 런던에도 사람이 바글바글했는데 당시 위생 상태는 청결하다고는 도저히 말할 수 없었으므로 수많은 런던 사람들이 이 병으로 죽어나갔습니다.

고위 계층이 많이 걸려 죽는 병답게 아일랜드에 있던 대법관까지 병에 걸려 사망하였으며 1530년에는 헨리 8세에 버금가는 권력을 휘둘렀던 토머스 울시 추기경이 헨리 8세에게 조강지처랑 살아야 한다며 캐서린 왕비와의 이혼을 반대하여 밉보인 탓에 감옥으로 호송되던 도중에 발한병으로 사망했습니다. 그는 1517년부터 발한병을 무려 세 번이나 앓았으니 결국은 발한병이 승리한 셈입니다. 하지만 참수형이나 화형에 처해지는 대신 병에 걸려 죽은 것이 어쩌면 더 행복한 최후였을지도 모르겠네요.

병에 걸리는 것을 끔찍하게 무서워해서 늘 질병에 대한 공포로 바들

발한병의 위력 앞에서는 토머스 울시 추기경의 권력도 부도 명예도 모두 맥을 추지 못했다.

바들 떨었던 헨리 8세는 병이 런던에 퍼지자마자 바로 런던을 내팽개치고 안전하다는 곳들로 매일 이리저리 도망 다녔습니다. 심지어 헨리 8세는 '세상에 단 하나뿐인 내 사랑'이라고 달콤한 말을 쏟아내며 앤 불린에게 열렬히 애정 공세를 펼쳐놓고 앤 불린의 궁중 말동무가 병에 걸리자 앤을 데려가는 것이 아니라 혼자 가버렸으니 얼마나 이 병을 무서워했는지 알 만하지요.

앤 불린도 결국 발한병에 걸렸고 헨리 8세는 사랑하는 여자가 병에 걸렸는데도 달랑 어의만 보냈을 뿐, 자신은 앤 불린의 침실에 얼씬도 하지 않았습니다. 앤 불린은 죽을 고비를 넘기고 가까스로 살아남아 왕비가 되지요. 당시 의료 수준을 생각하면 헨리 8세가 보내준 어의가 도움이 되었을지는 알 수 없는 일이지만요. 이때 앤 불린의 자매인 메리 불린의 남편 윌리엄 캐리가 역시 발한병으로 사망하였습니다. 그 밖에도 토머스 크롬웰의 부인 엘리자베스 역시 발한병으로 사망했을 것으로 짐작되는 등 잘나가던 수많은 왕족과 귀족들이 발한병을 앓거나 이 병으로 사망하였습니다.

1528년부터 발한병은 영국을 넘어 유럽 대륙으로까지 퍼져나갑니다. 독일, 스위스, 노르웨이, 네덜란드, 폴란드, 심지어 러시아 등지에서까지 유행했는데, 특이하게도 프랑스 내에 있는 영국령 칼레에서는 발한병이 관찰되었지만 그 밖의 프랑스 영토에서는 발한병이 등장하지 않았습니다. 헨리 7세와 함께 시작되었기 때문에 헨리 7세가 장미 전쟁을 끝내기 위해 이끌고 온 프랑스 군인들이 영국으로 옮겨온 것이 아니냐는 의견이 있었는데 정작 프랑스에서는 이 병이 발병하지 않았으니 신기할 따름이죠. 프랑스뿐만 아니라 이탈리아와 스페인에서도 이 병은 맥을 못 추고 등장하지 못했습니다.

1718년부터 1861년 사이에 프랑스에서는 영국에서의 발한병과 비슷한 피카르디 발한이 일어나 공포심을 불러일으켰지만 피카르디 발한은 영국의 발한병과 달리 피부에도 이상이 나타났고 사망률도 현저히 낮았습니다.

1485년부터 이 병을 겪어와 나름의 처치 방법들을 알고 있던 영국인들과는 달리 발한병을 처음으로 마주하게 된 유럽인들은 당황하여 사망자를 늘렸습니다. 영국에서는 땀이 최대한 적게 나도록 하고 환자가 잠이 들지 않도록 옆에서 계속 지켰지만 독일에서는 환자가 추워하니 두툼하고 따뜻한 이불로 꽁꽁 싸매주며 푹 잘 것을 권했고 환자는 그렇

지 않아도 끝없이 쏟아지는 땀에 더위
서 나는 땀까지 합해져 무척 고통스
러워하다가 잠이 들어 사망하곤
했다고 합니다.

1551년에 다시 한 번 등장한
발한병은 헨리 8세의 여동생, 메
리 튜더의 남편이었던 제1대 서퍽
공작 찰스 브랜든의 두 아들을 해치워

제2대 서퍽 공작 헨리 브랜든.

버립니다. 당시 아직 16살, 14살이었던 형 헨리 브랜든과 동생 찰스 브
랜든은 동시에 발한병에 걸렸고 아버지의 지위를 물려받아 제2대 서퍽
공작이었던 형 헨리 브랜든이 먼저 사망하였습니다. 동생 찰스 브랜든
이 형의 죽음과 동시에 제3대 서퍽 공작이 되었지만 1시간 뒤에 바로
형의 뒤를 따르면서 영국 역사상 가장 짧은
시간 동안 작위에 오른 인물로 기록
에 남게 되었습니다. 그리고 두 형
제가 나란히 발한병으로 사망하
면서 서퍽 공작직은 맥이 끊기
게 되었죠.

발한병의 원인은 지금까지도
알 수가 없어 의학사의 미스터리로
남아 있습니다. 따뜻한 시기에 젊고 건

제3대 서퍽 공작 찰스 브랜든.

강하고 부유한 사람들이 많이 걸렸기 때문에 야외에 있는 곤충이 옮겼
던 것이 아닐까 하는 추측이 많고 진드기나 이, 벼룩 등을 원인으로 보

기도 하였습니다. 원인도 알 수 없이 증상에 대한 기록만이 남아 있는 이 병은 오늘날에는 사라진 것으로 보고 있습니다.

만약 발한병에 걸린 앤 불린이 병을 견뎌내지 못하고 사망했더라면 헨리 8세가 캐서린 왕비와 이혼을 하고 새 왕비를 들일 수는 있었겠지만 영국에 황금시대를 불러온 엘리자베스 1세는 태어나지 못했을 것입니다. 새로 얻은 왕비가 떡두꺼비 같은 아들들을 순풍순풍 낳아 헨리 8세가 왕비를 갈아치울 필요를 못 느끼게 되었을 수도 있겠지요. 그랬다면 헨리 8세는 평온하게 눈을 감을 수 있었겠지만 지금 우리의 입장으로 보면 앤 불린이 아무것도 해보지 못하고 죽어 헨리 8세의 '막장 드라마'가 없는 영국 역사일테니 역사 드라마 보는 재미가 반의 반으로 줄었겠지요.

6. 9일 동안만 허락된 여왕
― 종교개혁의 희생양이 된 레이디 제인 그레이의 짧고 비극적인 삶

제인 그레이라는 이름은 영국 역사에 관심이 있거나 영문학에 관심이 있다면 누구나 한 번쯤 들어봤을 이름입니다! 음, 못 들어봤다면……, 지금 들어보면 되죠! 레이디 제인 그레이의 인생은 꽤나 짧았는데 그녀의 인생에 대해 이야기하기 전에 왜 그녀가 짧은 생밖에 살 수 없었는지를 알기 위해서는 좀 더 과거로 돌아갈 필요가 있답니다.

우선 『스캔들 세계사』 1권에서 이야기했던 런던탑에서 사라진 에드워드 5세, 그리고 조카의 왕위를 빼앗아 왕이 된 비정한 삼촌 리처드 3세, 그리고 그 리처드 3세를 헨리 7세가 전장에서 만나 죽이면서 튜더 왕조가 시작되었다는 이야기는 기억하시나요. 튜더 왕조를 연 헨리 7세는 에드워드 5세의 누나인 엘리자베스와 결혼하여 4명의 아이를 낳았습니다(태어나자마자 또는 아주 어릴 때 죽은 세 아이는 제외), 그들은 아서, 마거릿, 헨리, 메리였지요(아서의 죽음과 헨리의 왕위 계승에 관한 이야기는 『스캔

들 세계사』 1권의 '아내를 살해하는 남자' 편을 참조하세요).

그럼 이제 그때는 말하지 않았던 공주님들 이야기로 들어가봅니다. 큰딸 마거릿은 스코틀랜드 왕과 결혼했고 막내딸 메리는 프랑스 왕 루이 12세와 결혼했습니다. 앞에서 메리 불린 이야기할 때 프랑스로 시집가는 공주님을 따라가서 불린 자매가 함께했던 것 기억하시죠? 바로 그 공주님이랍니다.

메리(1496~1533)는 루이 12세와의 결혼 생활이 행복하지 않았다고 하는데요. 다행히도(?) 루이 12세가 메리와 결혼한 지 석 달도 안 되어 세상을 떠납니다. 그러자 영국의 공주님은 다시 고국으로 돌아오지요. 그때 메리는 서퍽 공작인 찰스 브랜든과 사랑에 빠져 있었지만 헨리 8세는 여동생을 외교적으로 써먹고 싶어 했기 때문에 찰스 브랜든과 얽히는 것을 금했습니다.

그러나 자고로 연인들은 막으면 막을수록 사랑이 활활 불타오르는 법. 로미오와 줄리엣도 아니건만 찰스와 메리는 비밀 결혼식을 올립니다. 이에 짜증이 잔뜩 난 헨리는 메리를 우선 집에다 가둬놓고 수녀원으로 보내버리겠다고 협박한 뒤 고민을 합니다. 왕의 허락 없이 왕의 여동생과 결혼하는 것은 반란에 해당하는 중죄였기 때문에 의회에서는 찰스의 목을 치자고 주장하지만 헨리는 여동생 메리를 아꼈고 찰스도 좋아했기 때문에 어쩔 수 없이 벌금만 받고 두 사람을 결혼하도록 놓아주었습니다.

헨리와 메리는 "오빠아~!", "귀여운 내 동생~." 하면서 잘 지냈지만 헨리가 자신의 첫 번째 왕비인 아라곤의 캐서린과 이혼하려고 할 때 메리가 강력 반대했을 뿐만 아니라 두 번째 왕비인 앤 불린을 무척 싫어했

헨리 8세의 여동생인 메리 튜더와 그녀의 남편 찰스 브랜든.

기 때문에 사이가 멀어지게 되었습니다. 그렇잖아도 시누이와 올케 사이에 아옹다옹하는 일이 많은데 국모 역할 잘하고 조신하던 조강지처를 밀어내고 그 자리를 꿰차고 앉기까지 한 올케이니, 시누이 눈에 곱게 보일 리가 없겠죠. 그리고 남자는 결혼하여 제 가족을 만들고 나면 자연스레 마누라 편이 되니 남매 사이가 멀어진 것은 당연한 일이었을 것입니다. 메리와 찰스는

제인 그레이의 어머니인 프랜시스 그레이.

4명의 아이를 낳는데요. 여기서 중요한 건 아들들이 아니라 딸입니다. 메리가 낳은 딸인 프랜시스는 훗날 도싯 후작 헨리 그레이와 결혼하기 때문이지요.

아이를 넷이나 낳은 메리와 찰스는 이후 어떻게 살았을까요? 낭만적으로 시작된 이들의 결혼은 메리가 37살의 나이로 일찌감치 세상을 떠나면서 막을 내립니다. 찰스는 메리의 죽음에 과연 얼마나 슬퍼했을까요? 1533년 6월 25일에 메리가 죽자 찰스는 그로부터 두 달 반 만인 1533년 9월 7일에 아들의 약혼자였던 14살짜리 꼬맹이랑 결혼식을 올립니다. 죽은 메리 튜더는 무덤에서 관을 박차고 나와 남편 머리카락을 다 쥐어뜯어놓고 싶었겠지요.

자, 지금까지 잘 따라오셨지요? 튜더 왕조를 개창한 헨리 7세의 딸인 메리 튜더의 딸이 프랜시스 그레이인 겁니다. 프랜시스는 헨리 그레이와 결혼하여 딸만 셋을 낳습니다. 들리는 얘기로는 야망이 큰 여자였는

데 아들이 태어나지 않자 굉장히 실망했다고 해요. 당시에는 아들 못 낳는 여자는 무슨 대역 죄인인 양 무시당하고 엄청나게 욕을 먹곤 했으니 아들에 대한 집착이 클 수밖에 없었지요. 그렇게 프랜시스의 큰딸로 이번 이야기의 주인공 제인 그레이가 태어납니다. 그러니까 정리하자면, 제인 그레이(1536/1537~1554)가 누구? 그래요, 바로 헨리 7세의 증손녀인 거죠.

예쁘고 총명했던 레이디 제인 그레이.

제인이 굉장히 총명하고 영리한 아이였다는 것은 잘 알려져 있는 사실입니다. 또한 온순하고 내성적인 아이였지요. 당시 일반적인 여자 아이들이 춤이나 노래, 바느질, 하인들을 통솔하는 법 따위를 배운 반면에 제인은 이것들과 더불어 라틴어, 그리스어, 히브리어, 이탈리아어, 종교, 철학, 역사 등을 배웠습니다. 대단하지요?

엘리자베스 1세의 어린 시절 그리스어와 라틴어 선생님이기도 했던 로저 아섬이라는 학자가 어느 날 제인의 집을 찾아옵니다. 그는 사냥을 하러 나간 부모님과 달리 창가에 앉아 그리스어로 된 플라톤을 읽고 있는 제인을 발견합니다. 어린 아이가 철학서를, 그것도 그리스어로 된 책을 읽고 있는 것을 보고 놀란 로저가 제인과 앉아서 대화를 해본 결과 그는 아이가 책의 내용을 제대로 이해하고 있으며 즐겁게 읽고 있다는

창가에 앉아 플라톤을 읽고 있는 제인 그레이(위). 로저 아셤과
대화하고 있는 제인 그레이(오른쪽).

것을 알게 됩니다. 아이를 희한하게 여긴 로저는 "왜 부모님과 함께 나가서 사냥하고 즐기지 않고 집에서 책을 읽고 있느냐."고 묻습니다. 그러자 제인은 "제가 아버지나 어머니와 함께 있을 때는 제가 그 무엇을 하든, 말을 하건 가만히 있건, 앉거나 서거나 가거나 먹거나 마시거나 즐겁거나 슬프거나 놀거나 춤을 추거나 그 어떤 것을 할 때든 하나님께서 이 세상을 창조하듯 완벽하게 해야 합니다. 그렇지 않으면 저는 놀림을 받고 비웃음을 받으며 꼬집히고 얻어맞고 협박당하고 제가 부모님을 존경하기에 말할 수 없는 방식들로 고통을 당합니다. 그럴 때면 저는 지옥에 있는 것과 같습니다."라고 답했다고 합니다.

이 에피소드 때문에 오늘날까지도 제인의 부모가 딸에게 매우 엄격했으며 제인은 마음이 여린 아이로 묘사되고 있습니다. 물론 이 장면은 로저 아셤에 의해 만들어졌거나 과장되었을 수 있으며 제인 역시 아직 어린 아이였으므로 부모님이 안 계실 때 "엄마 땜에 내가 못 살아!"라고 투덜거리는 요즘 아이들처럼 불평을 늘어놓은 것일 수도 있습니다.

제인 그레이가 창가에 앉아 플라톤을 읽는 장면은 굉장히 유명해서 그림으로도 많이 그려졌습니다. 10살 무렵 제인은 토머스 세이모어의 집으로 가게 됩니다. 그곳에서 헨리 8세의 마지막 왕비였던 캐서린 파의 밑에서 교육을 받지요. 그리고 역시 그곳에 머물고 있던 당시 10대 초반이었던 엘리자베스 공주(훗날 엘리자베스 1세)와도 잘 알고 지내게 됩니다.

제인은 헨리 7세의 증손녀였기 때문에 토머스 세이모어와 그레이 집안은 제인을 에드워드 6세와 결혼시킬 궁리를 시작합니다. 결혼할 명분도 좋고 가문도 충분히 훌륭할 뿐더러 결혼이 성사되면 가문의 세력이 어마어마하게 커질 것은 자명한 일이었으니까요. 그러나 토머스 세이모어는 권력을 향한 욕망을 지나치게 드러냈고 주변의 경계를 샀습니다. 적들이 한번만 실수하라며 단단히 벼르고 있던 와중에 도대체 알 수 없는 이유로 토머스 세이모어는 한밤중에 총을 들고 왕의 침실로 들어갔는데 그때 왕의 애견이 소리를 듣고 짖자 개를 쏴서 죽여버렸습니다. 물론 왕의 총애를 받고 있던 그가 어린 왕을 암살하려 한 것은 아닐 것이라는 것이 자명했지만 한밤중에 무기를 들고 왕의 침실에 잠입한 것만으로도 적들이 축제를 열 만큼 몰아가기 좋은 범죄였고 토머스 세이모어는 결국 반역죄로 처형됩니다. 이때 훗날 엘리자베스 1세가 될 엘리자베스 공주도 같이 반역을 꾀한 게 아니냐며 엮일 뻔하지만 꾀 많은 공주답게 빠져나오죠. 그렇게 토머스 세이모어가 체포되어 처형되고 나서 그레이 집안은 멸문지화를 당하지 않기 위해 납작 엎드립니다.

이렇게 에드워드 6세와의 결혼은 물건너갑니다. 그로부터 약 5년 후,

제인 그레이와 남편 길드포드 더들리. 두 사람은 서로를 사랑했을까, 아니면 철저한 정략결혼이었을까? 그 답은 오직 두 사람만이 알고 있을 것이다.

그레이 집안은 다시 한 번 제인을 통해 영국을 삼킬 생각을 합니다. 그것을 위해서는 후작인 자신들의 집안보다 더 힘이 막강한 가문이 필요했기에 그들은 제인 그레이를 노섬벌랜드 공작의 아들인 길드포드 더들리와 결혼시킵니다.

두 사람의 사이가 어떠했는가에 대한 이야기는 별로 남아 있지 않습니다. 1986년에 만들어진 영국 영화 「레이디 제인Lady Jane」에서는 두 사람이 열렬히 사랑하는 사이로 나오지만 사실 그것을 뒷받침할 만한 증거나 자료는 별로 없습니다. 두 가문이 결합하자 이제 그들을 막을 것은 아무 것도 없어 보였습니다. 더군다나 헨리 8세의 너무너무 소중한 아들인 에드워드 6세가 죽어가고 있는 시점이었기 때문에 더더욱 왕을 마음대로 주물럭거릴 수 있었지요.

　에드워드 6세(1537~1553, 재위 1547~1553)는 헨리 8세가 영국의 국교를 완전히 신교로 바꾸고 난 뒤에 태어난 아이였기 때문에 철저한 신교도였습니다. 그런데 에드워드가 후계자가 없는 상황에서 죽을 경우 헨리 8세가 죽기 전에 만든 법에 따라 헨리 8세와 캐서린 왕비 사이에 태어난 메리 공주가 왕위를 잇게 되어 있었지요. 그러나 메리 공주는 스페인 출신인 어머니 캐서린 왕비의 영향을 받아 누구보다 철저한 가톨릭교도였습니다. 캐서린 왕비의 부모님은 이베리아 반도에서 이슬람 세력을 몰아내고 800여 년 만에 통일을 이룩해 '가톨릭의 왕들'이라 불린 이사벨라 여왕과 페르디난도 2세였으니까요. 신교가 진리라고 철석같이 믿어온 에드워드 6세는 자신이 죽음으로써 영국이 다시 가톨릭의 손에 넘어가게 놔둘 수는 없었습니다.

　마음이 급해진 에드워드는 노섬벌랜드 공작의 속삭임 아래 자신의 친척이자 신교도인 후계자를 물색하기 시작했지요. 헨리 8세는 자신의 법에 메리와 엘리자베스가 후손 없이 사망하거나 왕위를 잇지 못할 경우 자신의 여자 형제 가운데 마거릿은 제외하고 메리의 후손이 왕위를 이어야 한다고 분명하게 밝혀두었습니다. 마거릿은 스코틀랜드 왕비였기 때문에 영국 땅을 스코틀랜드에게 넘겨줄 수 없다는 강한 의지를 밝힌 거지요. 그리고 또 한 가지. 영국 땅에서 태어난 사람만이 영국 왕이 될 수 있었습니다. 그래서 에드워드는 죽기 직전 꾀를 내어 제인 그레이를 후계자로 임명했습니다. 그리고 얼마 지나지 않아 사망했지요.

　에드워드 6세가 불과 15살의 짧은 생을 마치자 그레이 집안에서는 잽싸게 제인 그레이를 데려다가 왕위에 앉혔습니다. 훗날 제인 그레이의

제인 그레이에게 제발 왕관을 받아달라고 애원하는 노섬벌랜드 공작과 서퍽 공작. 18세기 화가 조반니 바티스타 치프리아니의 작품이다.

주장으로는 당시 엘리자베스 공주와 친하게 지내기도 했고 그 자리는 자신의 자리가 아니라며 끊임없이 거절했으나 부모의 호된 매질에 어쩔 수 없이 왕관을 썼다고 합니다.

의회는 에드워드 6세가 죽어가며 남긴 유서도 있고(하지만 헨리 8세가 에드워드, 메리, 엘리자베스 순으로 후계자를 정해둔 유서가 이미 의회에 의해 인정되었고 1543년의 계승법으로 권한을 부여받았으므로 뒤늦게 만들어진 에드워드의 법령은 위법으로 그다지 효력이 없었습니다) 노섬벌랜드 공작의 권력이 막강하다보니 제인 그레이를 받아들였고, 그녀는 그렇게 왕위에 오릅니다. 1553년 7월 10일, 에드워드가 사망한 지 나흘 만의 일이었습니다.

제인 그레이는 여왕이 된 후에 런던탑에 거주했고 남편인 길드포드

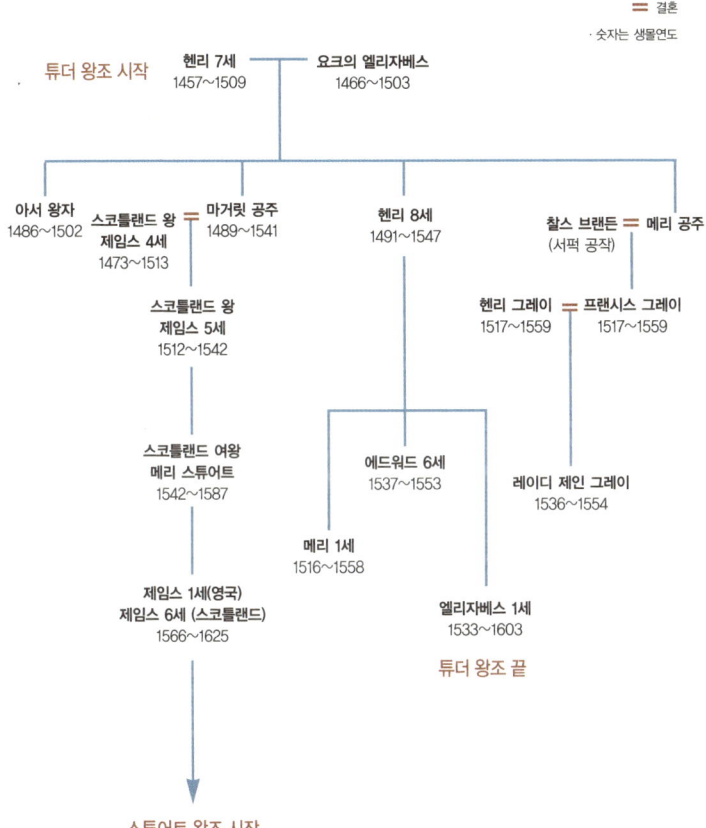

더들리를 왕으로 임명하라는 요구를 거부했습니다. 제인과 길드포드의 사이가 별로 좋지 않았다는 증거 가운데 하나로 손꼽히는 것이 바로 이것입니다. 제인은 길드포드에게 클래런스 공작의 작위는 줄 수 있지만 왕관은 못 주겠다고 했습니다. 고집불통 며느리 때문에 짜증이 머리 끝까지 솟구쳤으나 그것은 나중에 해도 된다고 판단한 노섬벌랜드 공작은 우선 제인의 왕위를 굳건히 하고 자신이 힘을 쓰기 위해서는 "왕위는 나의 것!"을 외치며 사람들을 모아 서편의 프램링엄 성에서 런던으로 치고 올라오고 있던 메리 공주를 붙잡아 쥐도 새도 모르게 죽이는 일이 급선무였습니다. 그래서 며느리의 머리 위에 왕관을 올려놓고 곧바로 메리 공주를 치기 위해 7월 14일에 런던을 떠납니다.

자신이 없는 동안 조용할 것이라 생각했던 런던 귀족들은 노섬벌랜드 공작의 생각과는 달리 닷새 만에 마음을 싹 바꿔버립니다. 제인 그레이를 7월 19일에 왕좌에서 끌어내려 런던탑에 가둬버리고는 메리가 진정한 영국의 여왕이라 칭하지요. 그렇게 공주에서 여왕이 된 메리 1세는 8월 3일에 위풍당당하게 런던에 입성합니다.

제인 그레이는 7월 10일에 즉위하여 7월 19일에 왕위에서 물러났으므로 '9일 여왕'이라고 불립니다. 또는 '13일 여왕'이라고도 불리는데, 그것은 에드워드 6세가 사망한 날부터 제인 그레이를 여왕이라고 치면 13일이기 때문입니다. 어찌되었든 2주도 채우지 못한 여왕이므로 어떤 책에서는 제인 그레이는 여왕으로 쳐주지도 않으며, 제인 그레이를 칭할 때 대부분 '레이디 제인 그레이'라고 하지 '퀸 제인 그레이'라고 하지 않습니다.

메리 1세는 런던탑에 갇힌 제인 그레이를 불쌍히 여겼다고 합니다.

레이디 제인 그레이의 초상으로 알려진 그림.
그러나 사실 레이디 제인 그레이라고 정확하게 기록된 초상화는 없다.

제인 그레이와 길드포드 더들리는 모두 반역죄로 재판을 받았지만 메리 1세는 16살밖에 되지 않은 제인 그레이가 너무 어리고 단지 부모의 야욕에 희생당한 것이라 보았고, 그러므로 구태여 죽일 생각은 없었던 듯합니다. 당시 신성로마제국 대사는 황제인 카를 5세에게 이 상황을 보고하면서 제인 그레이는 살 수 있을 것이라고 보고서를 써서 보내기도 했습니다.

그러나 가톨릭 여왕인 메리 1세가 영국을 다스리는 데다 가톨릭 국가인 스페인의 펠리페 왕자와 결혼하려 하자 이에 불만을 품은 신교도들이 반란을 일으킵니다. 그래서 '아, 신교도들이 쉽사리 가라앉지 않겠구나!' 하고 생각한 메리 1세는 이대로 두었다가는 제인 그레이가 신교도 반란의 우두머리가 되겠다는 생각에 제인 그레이에게 마지막으로 기회를 줍니다. 그것은 바로 신교를 버리고 가톨릭으로 개종하라는 것이었죠.

앞서도 말씀드렸듯이 많은 교육을 받고 철저한 신교도로 자란 제인 그레이에게 종교를 바꾸라는 것은 육신을 살리기 위해 영혼을 버리라는 것과 같은 소리였습니다. 때문에 당연히 제인 그레이는 개종을 거부했습니다. 그래도 메리 1세에게 제인을 개종시키라는 특명을 받고 파견된 사제인 존 페큰햄과는 종교 이야기를 나누다가 오히려 좋은 친구 사이가 되었고, 그런 인연으로 존은 나중에 제인 그레이의 처형식에도 따라갑니다.

제인은 반역죄를 저질렀으므로 화형이나 참수형을 받아야 했지만 메리 1세는 그나마 자비를 베풀어 화형은 면하게 해주었습니다. 제인은 처형대에 꿋꿋이 머리를 들고 가서 자신의 잘못을 인정하고 『성경』 구

존 페크햄이 제인 그레이를 찾아가 가톨릭으로 개종하라고 설득하는 장면을 묘사한 그림. 제인 그레이가 순백색의 옷을 입고 기도하는 성녀처럼 그려진 것을 볼 수 있다.

절을 읊은 후 자신의 하녀에게 장갑을 벗어서 건네주었다고 합니다. 당시 사형 집행인은 형을 행하기 전에 반드시 자신이 하려는 행동에 대해 용서를 먼저 구했는데 제인은 그가 용서를 빌자 용서하며 최대한 빨리 끝내달라고 부탁합니다. 그리고는 무척 떨렸는지 "내가 머리를 대기 전에 목을 치나요?"라고 물었다고 합니다. 그러나 집행인은 "아닙니다, 부인."이라고 답했다고 해요.

제인은 스스로 자신의 눈을 가리고 차분하게 머리를 대려고 했으나 처형대를 찾지 못합니다. 그러자 당황하여 울먹이며 "어떡해, 어디 있지?"라고 외쳤습니다. 그러자 옆에 있던 누군가가 그녀의 손을 이끌어주었고 제인은 처형대 위에 머리를 올리고 목이 잘릴 때까지 『성경』 구절을 되뇌었다고 합니다.

제인 그레이는 종교개혁의 파도에 휩쓸린 가련한 희생양이라는 이미지가 매우 강합니다. 그래서 제인의 순수함, 고결함, 선함을 강조하기

제인 그레이의 처형을 묘사한 그림.

위하여 주변 사람들이 더욱 악해 보이도록 이야기들이 만들어진 부분도 없잖아 있습니다. 하지만 어린 나이에 얄궂은 운명에 휘말려 자신의 뜻과 상관없이 죽어간 것은 1권에서 이야기한 런던탑에서 실종된 에드워드 5세와 마찬가지로 참 안쓰러운 일입니다.

7. 피의 여왕, 결혼하다
– 메리 1세의 결혼과 왕위 승계를 둘러싸고 제정된 '반역행위법'

헨리 8세의 막둥이로 태어난 에드워드 6세는 세상 무엇보다 귀히 여겨지며 자라났지만 아들을 낳지 못해 쫓겨난 첫 번째 왕비 캐서린의 외동딸이자 헨리 8세의 큰딸인 메리 1세(1516~1558, 재위 1553~1558)는 비참하고 고통스러운 유년기와 소녀 시절을 보냈습니다.

헨리 8세는 메리 공주가 어렸을 적에는 눈에 넣어도 아프지 않을 정도로 예뻐했다고 하는데, 아무리 예뻐도 딸은 딸, 왕위를 이을 수는 없다고 생각했습니다. 당시까지만 해도 영국에서는 여자가 왕위에 오르는 일은 상상도 할 수 없는 일이었기 때문이었죠. 아들을 낳겠다는 헨리 8세의 욕망은 젊고 매력적인 앤 불린을 왕비의 자리에 올렸고, 버림받은 캐서린 왕비와 함께 메리 공주 역시 공주의 지위를 잃고 바닥으로 내동댕이쳐지지요. 앤 불린이 등장한 뒤로 세상에서 가장 우아하고 신실한 가톨릭 신자이며 정숙하고 지성이 넘치는 스페인의 공주이자 영국의 왕비였던 자신의 어머니가 차디차고 조그만 집으로 쫓겨나 고통에 몸부림치다 사망했으니 적어도 메리 1세에게 있어 앤 불린은 마녀요, 악녀요, 세상에서 가장 꼴 보기 싫은 여자였겠지요.

어머니의 죽음 이후로 여기저기를 전전하며 공주임에도 불구하고 서녀 취급을 받으며 살게 된 메리 1세는 어린 시절 칭송받았던 미모와 웃음을 모두 잃고 독하고 분노로 똘똘 뭉친 성인으로 성장하게 됩니다. 아버지의 관심 밖으로 밀려나고, 어머니의 장례식에 참석하는 것조차 허락받지 못하는 등 푸대접을 받아 독기를 품고 자란 탓에 여성스럽지 못하다, 못생겼다, 늘 화가 난 것처럼 보인다는 평가를 받는 외모를 갖게 된 메리 1세는 지위도 명예도 재물도, 심지어 외모도 내세울 것 하나 없이 노처녀로 늙어가게 됩니다. 그 인생이 너무나 고달파보였던지 어린 나이에 즉위한 에드워드 6세가 병사하고 드디어 메리 공주에게도 빛이 내리쬐듯 영국의 왕위가 내려옵니다.

영국 최초의 '여왕'이 메리 1세냐, 레이디 제인 그레이냐, 또는 1권에서 등장했던, 잠시 왕위에 올랐던 마틸다 황후냐를 두고 논란이 있는데요. '9일 여왕'이라 불린 제인 그레이를 여왕으로 취급하지 않는 해석이 많으므로 최초의 '여왕'은 메리 1세로 보는 것이 일반적입니다. 영국의 왕위에 올라 만인을 발밑에 두게 된 메리 1세는 어머니 살아생전의 고통과 비참한 죽음을 뼈에 사무치게 기억하고 있었기에 왕위에 오른 뒤로 앤 불린에서 비롯된 신교의 흔적을 모두 없애버리려고 시도합니다. 그리고 영국을 가톨릭 국가로 되돌리기 위하여 노력하지요. 당시 영국에서는 모든 사람들이 신의 말씀을 듣고 이해해야 한다며 영어로 예배를 드리고 있었는데 메리 1세는 즉위하기가 무섭게 라틴어 미사를

공주 시절의 메리 1세.

부활시키며 가톨릭의 시대가 다시 한 번 도래했음을 알렸습니다.

신교도였던 에드워드 6세가 자신의 후계자가 가톨릭교도인 메리 1세임을 매우 걱정했듯 메리 1세 역시 자신의 후계자가 신교도인데다 앤 불린의 딸인 엘리자베스 공주임을 심히 염려했습니다. 이를 해결할 방법은 오직 하나. 바로 메리 1세 자신이 아이를 낳는 것이었죠. 아버지 헨리 8세가 늙어죽고 이복동생인 에드워드 6세가 병들어 죽을 때까지 미혼으로 늙다보니 왕위에 올랐을 때 메리 1세는 무려 37살이었습니다. 요즘 세상에도 37살에 결혼을 안 하면 노총각, 노처녀라고 하는데 지금으로부터 500년이나 이전이니 아이도 빨리 낳고 갱년기도 빨리 왔던 때인지라 거의 할머니에 가까운 어마어마한 노처녀였죠.

여성이 더 이상 아이를 낳을 수 없게 되는 갱년기가 빛의 속도로 다가오고 있는 나이였으니 후계자를 생산하기 위해 메리 1세의 결혼은 국가적인 문제로 대두되었고, 때맞춰 어머니의 나라인 스페인에서 온 청혼은 메리 1세의 입맛에 딱 맞는 것이었습니다. 스페인의 왕자인 펠리페는 메리 1세의 당질로 어머니 캐서린 왕비의 조카들끼리 결혼하여 낳은 아들이었습니다(참고로, 이처럼 거듭되는 근친혼은 이후 사이코패스 카를로스 왕자를 거쳐 근친의 폐해를 온몸으로 보여준 카를로스 2세에 이르러서는 후계자를 생산하는 것이 불가능하여 아예 스페인에서 합스부르크 왕조의 대를 끊어놓게 되지요).

메리 1세에게 처음으로 펠리페 왕자를 결혼 후보로 거론했던 스페인 대사의 기록에 따르면 메리 1세는 보고를 받으면서 몇 번이고 소리 내어 웃었다고 합니다. 어머니의 나라인 스페인에서 온 왕자, 그것도 자신보다 11살이나 어린 왕자와 결혼한다는 생각에 잔뜩 신이 난 메리 1세에게 곧 휘황찬란한 갑옷을 입은 젊은 신랑의 초상화가 도착합니다.

영국 최초의 '여왕'이 되며 '피의 메리'라는 별명을 얻은 메리 1세.

젊고 늠름한 펠리페 왕자(훗날 스페인의 펠리페 2세. 1527~1598, 재위 스페인 1556~1598, 영국 1554~1558)의 모습에 수줍은 미소를 띤 메리 1세였지만 영국 사람들은 여왕의 결혼에 그리 낙관적이지 못했습니다. 한없이 낮은 여성 인권 탓에 아내가 남편에게 종속되었던 시대였으므로, 영국 여왕이 스페인 왕자와 결혼하면 영국이 스페인에게 종속되는 것 아니냐, 말하자면 스페인의 식민지가 되어 버리는 것 아니냐, 하는 우려를 낳기에 충분했습니다. 더군다나 스페인 왕실은 당시 전 유럽을 잡아먹다시피 한 합스부르크 왕가였기에 영국까지 합스부르크에게 먹힐지 모른다는 걱정도 팽배했죠.

그와 더불어 스페인은 지독하리만치 가톨릭을 신봉하는 국가이기에 그렇잖아도 가톨릭교도인 어머니 밑에서 자란 메리 1세가 가톨릭 왕국의 왕자와 결혼하게 된다면 신교도들은 핍박받을 것이 뻔했죠. 종교재판, 화형, 고문 등 어두운 그림자가 드리워지자 영국의 수많은 신교도들은 그들의 결혼을 매우 걱정했습니다. 이러한 걱정들이 반대가 되고 논란이 일어나면서 대법관과 하원에서는 차라리 그냥 영국인 남자와 결혼하라는 청원까지 올리기 시작했습니다.

당시 어린 아이들 사이에서는 '여왕님의 결혼'이라는 놀이가 유행했는데, 이 놀이는 펠리페 왕자 역을 맡은 아이가 다른 아이들에게 목이 졸려 죽는 흉내를 내는 것으로 끝이 났다고 합니다. 아이들 놀이가 참 섬뜩하죠? 당시 국민 감정이 어떠했는지를 잘 보여주는 예지요. 하지만 이미 젊은 펠리페 왕자의 초상화가 마음에 쏙 들어 사랑에 빠진 메리 1세는 튜더 왕가 특유의 고집으로 결코 뜻을 굽히지 않았습니다.

여왕님의 고집을 꺾을 수 없음을 깨달은 귀족들과 스페인 대사한테서 무려 4,000개의 금화를 녹여 만든 금줄이라는 보물을 뇌물로 받아챙긴 추밀원 고문관들은 메리 1세와 펠리페 왕자의 결혼이 영국에 피해를 주지 않도록 새로운 법을 제정하게 됩니다. 이름하야 '메리 여왕의 결혼에 관한 법률(Queen Mary's Marriage Act)'이었죠. 마치 요즘 사람들이 쓴다는 혼전계약서처럼 이 법률에도 양측이 지켜야 할 것들이 잔뜩 적혀 있었습니다.

황금 갑옷을 입은 펠리페 2세의 왕자 시절 초상화.
실제로 이 초상화가 메리 1세에게 보내졌다.

재밌는 점은 이를 합의하는 데 있어서 영국에서는 펠리페 왕자에게 연락을 취한 것이 아니라 펠리페 왕자의 아버지인 신성로마제국의 카를 5세에게 합의를 보자고 했다는 것입니다. 과거 메리 1세가 아직 6살 난 어린아이였을 때 카를 5세는 메리의 약혼자였습니다. 이 때문에

공주 시절 카를 5세의 약혼자였던 메리의 초상.

메리 1세의 공주 시절 초상화를 보면 가슴에 '황제(The Emperour)'라고 적혀 있죠. 한때 자신의 약혼녀였던 여자가 자기 아들과 결혼하다니 기분이 꽤나 묘할 것 같기도 하지만 워낙 수도 없이 약혼을 하고 파혼을 하던 시절이니 대수롭지 않게 여겼을 수도 있겠지요.

여러 번의 대화가 오가고 결국 카를 5세와 펠리페 왕자, 그리고 영국은 다음과 같이 합의합니다.

- 메리 1세와 마찬가지로 영국, 아일랜드 등의 왕으로 칭해질 펠리페 왕자는 남편이기에 심지어 메리 1세보다 그 이름이 앞에 쓰일 것이지만 그 대신 그러한 권력은 결혼이 유지되는 기간 동안이며 메리 1세가 사망하는 경우 펠리페 왕자는 그 어떤 지위나 이름도 가져갈 수 없다.
- 자식이 아들일 경우 왕자는 영국, 부르고뉴, 네덜란드의 왕위를 계승하지만 펠리페 왕자의 장남인 카를로스 왕자가 살아 있는

한 스페인과 그 밖의 영토에 대해서는 소유권을 주장할 수 없으며 딸일 경우에도 같은 영토를 물려받으나 결혼하려면 카를로스 왕자의 허락을 받아야 한다.

- 만약 카를로스 왕자가 후계자 없이 사망할 경우 메리 1세와 펠리페 왕자 사이에 태어난 자식이 영국, 아일랜드, 부르고뉴, 네덜란드, 스페인 등의 모든 영토와 지위를 물려받는다.
- 메리 1세와 펠리페 왕자 사이에 자손이 없으면 메리 1세의 지위와 영토는 카를로스 왕자가 아니라 엘리자베스 공주에게 물려진다(스페인에서 영국 왕위를 가로챌 수 없도록 막은 조항).
- 펠리페 왕자는 프랑스와의 전쟁에 영국을 끌어들일 수 없으며 의회의 허락 없이 메리 1세나 메리 1세와 낳은 아이들을 영국 밖으로 데리고 나갈 수 없고 그 어떤 외국인도 영국의 공직에 앉힐 수 없다.

결국 메리 1세가 펠리페 왕자와 결혼하는 것을 막을 수 없으니 펠리페 왕자에겐 그 어떤 권력도 제대로 주지 않겠다는 것이죠. 이처럼 법률까지 만들어지기 시작하자 이러다간 정말로 가톨릭 국가가 되어버리는 것 아니냐는 걱정이 신교도들 사이에 퍼져나갔고 결국 1554년, 메리 1세를 몰아내고 신교도인 엘리자베스 공주를 여왕으로 추대하려는, 일명 와이어트 반란이 일어납니다. 런던탑으로 서둘러 대피해서야 한다며 호들갑을 떠는 신하들을 웃으며 바라보던 메리 1세가 손가락 하나 까딱하자 진압되어버린 이 반란 탓에 끝까지 반란과는 관계가 없었다고 주장하던 엘리자베스 공주는 런던탑에 유폐되고 제인 그레이 및 제인 그레이 사건 이후 처형되지 않았던 이들까지 모두 반란의 가능성이 있다 하여 처형되었습니다.

펠리페 왕자를 영국의 왕이자 메리 1세의 남편으로 만드는 작업은 착착 진행되어갔고 결국 1554년의 싱그러운 7월, 두 사람은 부부의 연을 맺습니다. 반란 사건을 통해 자신의 사랑스러운 새 신랑을 죽이고 싶을 만큼 증오하는 사람들이 있다는 사실을 알게 된 메리 1세는 남편을 지키기 위해 반역 행위를 지정하는 법을 새롭게 만듭니다. 그해 11월에 통과된 이 법은 이제 영국 왕이 된 펠리페를 법적으로 보호해주기 위한 목적으로 만들어진 것이었죠.

이 법에 의해 반역으로 지정된 불법 행위란 '전하께서 여왕 마마의 직위와, 명예와, 이름을 함께 쓰는 것을 방해하려는 행동을 하거나 상상하는 것'과 '이 왕국에서 여왕 부부를 향해 전쟁을 일으키거나 왕이 그 자리에 앉아선 안 된다고 말하는 것' 등이 있었습니다. 상상하거나 말하는 것이 사형에 준하는 반역 행위로 지정된 것이었죠. 특히 왕의 죽음을 상상하는 것은 가장 지독한 형벌에 처해질 중죄였습니다. 생각 하나 내 마음대로 못하는 세상이 된 거죠. 메리 1세 이전인 1352년의 반역 행위 지정법에서도 왕의 죽음을 생각하는 것만으로도 반역 행위로 취급했으며 실제로 왕의 죽음을 논했다는 이유로 트집이 잡힌 후 다른 죄목들이 덕지덕지 붙어 처형된 경우들도 있었습니다. 하지만 사랑에 폭 빠진 메리 1세는 단순히 한 줄로 되어 있던 것이 마음에 들지 않았는지 상상하고 말하는 것이 어떻게 불법인지 조목조목 조항을 만들어 체계화시킨 첫 군주가 되었지요.

결국 원하던 대로 펠리페와 결혼하게 된 메리 1세는 결혼하자마자 교황을 다시 한 번 교회의 우두머리로 세웠고 교황청에선 크게 기뻐하며 캔터베리 대주교를 파견하여 모든 죄를 사해주었습니다. 다시 한 번 로마 교황청 밑으로 들어가게 된 영국을 완벽한 가톨릭의 나라로 만들기 위하여 메리 1세는 다양한 변화를 주기 시작합니다. 그 중 가장 유명한 것은 신교도들을 무자비하게 처형한 것입니다.

메리 1세 부부의 초상화. 별도의 법까지 만들어가며 11년 연하남과 결혼에 성공한 메리 1세였지만 행복한 결혼 생활은 그저 꿈일 뿐이었다.

남편이자 종교 재판과 화형의 나라인 스페인에서 온 펠리페 왕자도 영국에서의 화형은 신중해야 한다고 생각했지만 나라를 신의 품 안으로 되돌려놓는 순교자가 되겠다고 결심한 메리 1세에게는 아무 말도 들리지 않았습니다. 그렇게 종교 개혁가이자 캐서린 왕비의 결혼 무효를 선언했던 토머스 크랜머와 휴 래티머 등 유명 인사들을 비롯하여 약 300명의 신교도들이 불에 타 죽어갔죠. 사형집행인까지도 보기 괴로워했다던 이 잔인한 처형 앞에서 안쓰러운 희생자들의 고통을 줄여주고자 목에 화약 주머니를 달아주었던 영국 국민들은 치를 떨며 메리 1세를 '피의 여왕', '피의 메리'라고 불렀고, 그 별칭은 오늘날에는 유명한 칵테일 '블러디 메리'로 이름을 떨치고 있습니다.

전 국민의 원망과 증오를 한 몸에 받던 메리 1세는 서둘러 아이를 낳아 후계를 잇고 싶어 했지만 이미 중년이 가까운 그녀에게 아이는 생기지 않았고 결국 메리 1세는 신경성 상상 임신을 하게 됩니다. 만약 아들이라면 스페인과 영국을 잇는 거대한 왕국을 만들어낼 수도 있을 아이의 탄생을 전 유럽이 기다리던 가운데 상상 임신이었음이 밝혀지게 되자 펠리페는 그렇잖아도 관심 없던 메리 1세가 자신을 망신시켰다 생각했는지 스페인으로 떠나버립니다.

펠리페야 자기보다 11살이나 많고 무뚝뚝하고 수많은 사람들을 뚝딱 화형시켜버린 부인에게 정이 안 갔을 수 있겠지만 메리 1세는 이 젊고 잘생긴 남편에게 푹 빠져 있었기 때문에 펠리페가 떠나자 시름에 잠겨 매우 슬퍼했습니다. 남편에게 사랑받지 못하는 자신이 어머니인 캐서린 왕비와 겹쳐보였을지도 모르죠.

남편에게도 국민에게도 사랑받지 못하던 메리 1세는 1558년에 다시 한 번 국민의 사랑을 잃어버리는 계기가 되는 아주 중대한 실수를 저지릅니다. 그때까지 영국 왕들은 스스로를 늘 프랑스의 왕이라 칭했습니다. 그 이유 가운데 하나는 프랑스 영토의 일부인 칼레 지방이 영국 것이기 때문이었죠. 칼레 사람들은 영어를 쓰고 영국식으로 살았으며 스스로를 영국인이라 생각했습니다. 그러나 스페인과 프랑스의 전쟁에 영국을 끌어들이지 않겠노라고 분명히 약속했던, 이제는 스페인의 왕이 된 펠리페 2세가 그 약속을 헌신짝처럼 저버리고 자신에게 눈이 먼 메리 1세에게 스페인을 돕도록 설득하면서 프랑스는 냉큼 칼레를 정복해버렸고 영국은 이후 영원히 칼레를 잃고 맙니다.

칼레는 영국인들에게 있어 대륙과 섬을 이어주는 요지이자 상업의 거점이었고 '프랑스도 우리 것'이라는 자부심의 원천이었기 때문에 영국인들은 칼레를 잃어버린 메리 1세를 더욱 더 증오하게 됩니다. 더군

메리 1세의 초상.

다나 승승장구하는 스페인과 결혼을 하면서 당연히 이득을 볼 수 있을 것이라 생각했는데, 오히려 스페인과 결혼했기에 스페인의 금을 불법으로 훔쳐오는 것을 묵과할 수도 없었고 새롭게 얻은 부를 결코 내놓지 않으려 하는 스페인으로부터 '부인의 나라'라는 이유로 빼앗아올 수도 없었기에 영국은 큰 손해를 보게 됩니다. 훗날 메리 1세의 이복동생인 엘리자베스 1세 치하에서 영국 해적들이 신나게 스페인 함선들을 털어 보물들을 영국으로 실어 나른 것과 너무나 대조적이지요.

결국 왕위에 오른 지 고작 5년 만에, 두 번씩이나 상상 임신을 하고 남편은 집에 없을 때가 더 많고 국민들은 엘리자베스 공주가 왕위에 오를 날만 목을 빼고 기다리고 있는 상황에서 메리 1세는 병상에 누워 일어나지 못합니다. 메리 1세의 죽음이 시시각각 다가오고 있다는 것을 안 귀족들은 재빨리 엘리자베스 공주 곁으로 우르르 몰려가버리고 펠리페 2세는 또 다시 외국에 나가 있었습니다. 그렇게 헨리 8세의 큰딸로, 공주로 태어나 서녀로 살다가 영국의 여왕이자 스페인의 왕비가 되었던 메리 1세의 어둡고 슬픈 삶은 42년 만에 끝이 납니다.

무정한 남편, 펠리페 2세.

메리 1세의 사망 소식을 들은 펠리페 2세는 여동생에게 편지를 보내어 "그녀의 죽음에 적당한 후회를 느꼈다."고 무심하게 말합니다. 그래도 5년을 살 맞대고 살았던 부인의 죽음에 대한 참으로 인정머리 없는 감상이지요. 펠리페 2세는 이후 메리 1세의 이복동생이자 영국 여왕으로 즉위한 엘리자베스 1세에게 청혼하기도 합니다. 물론 엘리자베스 1세는 도도하게 거절해버리지요.

그토록 사랑했던 남편이 평생 자신의 라이벌이었던 이복동생에게 청혼을 했으니, 자신이 죽은 뒤 몸을 갈라보면 심장에 잃어버린 땅, 칼레의 이름과 사랑하는 펠리페의 이름이 쓰여 있을 것이라 말하곤 했던 메리 1세의 삶이 한없이 허무하고 서글프네요.

8. 당돌한 신데렐라

― 영국 최초의 여배우이자 찰스 2세의 연인 넬 귄 이야기

영국 런던의 시궁창처럼 지저분한 빈민가에서 태어난 보잘것없는 한 소녀가 놀라운 재치와 입담으로 왕의 사랑을 받게 된 이야기가 있답니다. 동화처럼 낭만적으로 들리지만 실제 영국 역사 속의 신데렐라로 불리는 여인이 있었으니, 그녀의 이름은 넬 귄(1650~1687)입니다.

넬 귄의 어린 시절은 가난하고 보잘것없는 환경이었는데 그 무렵에 대해서는 추측만 할 수 있습니다. 넬은 아버지 얼굴도 몰랐고 어머니는 여인숙을 운영했습니다. 당시 여인숙은 말이야 고상하게 여인숙이었지만 사실은 술집이자 윤락업소나 마찬가지였기 때문에 넬 역시 어린 시절부터 성매매를 할 수밖에 없지 않았을까 짐작됩니다.

이처럼 어린 넬 귄의 삶이 어린 아이에게 걸맞지 않는 고생으로 시들어가는 동안 영국 왕실은 매우 큰 변화를 맞이하게 됩니다. 잠시 시계 바늘을 뒤로 돌려봅시다. 1권에서 엘리자베스 1세가 처녀왕으로 자식

없이 통치하다가 사망했다는 이야기를 했었죠. 그렇게 엘리자베스 1세가 사망하자 영국의 왕위에 누가 오를 것이냐 하는 문제는 전 유럽의 관심사가 되었습니다. 마음을 단단히 붙드세요. 이름이 많이 나와 헷갈릴 테니까요! 결국 영국의 왕위는 엘리자베스 1세의 아버지인 헨리 8세 대로 거슬러 올라가, 헨리 8세의 누나로 스코틀랜드 왕에게 시집간 마거릿 튜더의 증손자이자 스코틀랜드 왕인 제임스 6세가 차지하게 됩니다(스코틀랜드에는 제임스란 이름을 가진 왕이 무려 5명이나 있었기 때문에 제임스 6세는 스코틀랜드에서 6번째 제임스란 뜻으로 제임스 6세라 불렸습니다. 하지만 영국에는 제임스라는 왕이 처음이었기에 스코틀랜드의 제임스 6세는 영국에서 제임스 1세라 불리고 문헌에도 그렇게 기록됩니다).

이리하여 튜더 왕조는 막을 내리고 스튜어트 왕조가 시작되지요. 엘리자베스 1세의 입장에서 보면 스코틀랜드의 제임스 6세는 고모의 증손자가 됩니다(79쪽 계보도 참조). 왕권신수설을 영혼 깊이 믿었던 제임스 6세는 신이 내린 것이기에 법은 왕의 행동을 간섭할 수 없다고 생각했고 실제로 그 생각에 따라 스코틀랜드를 통치하였습니다. 그런 제임스 6세가 의회가 왕에게 끊임없이 간섭하는 영국의 왕 자리에 오르게 되었으니 충돌은 피할 수 없는 일이었습니다. 더욱이 영국 국교회야말로 진리라고 생각했던 제임스 6세는 가톨릭 및 다른 종교를 가진 사람들을 매우 탄압합니다. 그래서 가톨릭교도들이 왕을 암살하려고 시도하는가 하면 청교도들은 그 유명한 메이플라워 호를 타고 신대륙으로 떠나기도 하였습니다.

왕권신수설을 주장하는 왕과 '모든 인간은 신과 법 아래에 있다'고 주장하는 의회 사이에는 바람 질 날이 없었고, 제임스 6세의 아들인 찰스 1세가 왕이 되자 사태는 더욱 심각해졌습니다. 찰스 1세는 아버지의 뜻을 아주 가슴깊이 따르며 의회 말은 들어보지도 않고 조세를 부과했고 병사들을 민가에 머물게 하는 등 의회의 반발을 살 짓만 골라서 했습니다. 결국 1628년 의회에서는 영국의 왕은 의회의 동의 없이 세금을 거둘 수 없고 병사를 민가에 머물게 할 수 없으며 민간인에게 군법을 지키라고 하거나 적법한 절차 없이 체포, 감금할 수 없다는 것을 내용으로 하는 '권리청원'을 왕에게 내밀었습니다. '어디 아랫것들이 감히 나에게 이래라저래라 하는 것이냐!' 싶었던 모양인지 찰스 1세는 아예 의회를 닫아버렸고 그 이후 무려 11년 동안 자기 마음대로 영국을 다스렸습니다.

이 11년 동안 권력을 마음대로 휘두르며 청교도를 탄압했고 얼마 후 스코틀랜드에도 영국 국교회를 강요하기 시작했습니다. 하지만 스코틀랜드와의 전쟁 비용을 마련해야 하는데 혼자서 감당하기 힘들었던지라 찰스 1세는 의회를 다시 소집했습니다. 하지만 11년 만에 모인 의회는 왕의 요청에 콧방귀만 뀌었고 결국 1640년, 의회파와 왕당파 사이에서 청교도 혁명(1640~1660, 일명 영국 내전)이 발발합니다. 이 전쟁이자 혁명의 선봉에는 당시 하원의원이자 청교도였던 올리버 크롬웰(1599~1658)이 있었습니다. 불세출의 명장이었던 크롬웰은 왕정파를 상대로 의회파를 승리로 이끌었으나 권력을 손에 쥔 자는 만족을 모르는 법인지라 곧 찰스 1세의 머리를 국가에 대한 반역 혐의로 잘라버리고 자신이 호국경의 자리에 오릅니다.

찰스 1세는 설마 왕인 자신이 반역죄로 머리가 잘릴 날이 올 것이라고는 생각도 못했겠죠. 게다가 그전에도 지도자가 처형된 일은 있었으나 자국민의 손에 왕이 처형된 것은 사상 초유의 일이었기에 전 유럽이 들썩였고 본토는 물론 아일랜드와 스코틀랜드에서도 반란이 끊이지 않았습니다. 나라를 보호하고 국민을 대변한다던 크롬웰은 몸서리가 쳐질 만큼 잔인하게 반란을 제압하고 영국을 공화국으로 만듭니다. 역사가들 사이에서 올리버 크롬웰이란 인물에

영웅인가 독재자인가? 영국의 시민 혁명을 이끈 올리버 크롬웰의 초상화.

대한 평가는 극과 극으로 나뉘는데요. 유럽사에서 가장 빠른 시민 혁명을 이루어낸 영웅이라 칭송하기도 하고 무장 봉기를 제압한다는 명목으로 갓난아이를 포함해 무려 2,000명의 민간인을 학살한 독재자라 폄하하기도 합니다.

　종교의 자유를 인정하며 개혁을 선보인 크롬웰이었지만 찰스 1세와 마찬가지로 의회를 닫아버리기도 했던 그는 5년여의 통치 끝에 결국 온 국민의 저주를 한 몸에 받았고 사람들은 차라리 왕이 다스릴 때가 좋았다고 생각하게 됩니다. 1658년 크롬웰이 말라리아에 걸려 사망하자 그의 시신은 무덤에서 끄집어내져 토막이 났고, 찰스 1세의 아들인 찰스 2세는 오랜 망명을 끝내고 프랑스에서 영국으로 금의환향하여 왕위에 오릅니다. 이를 왕정복고라 하지요.

즉위한 찰스 2세(1630~1685, 재위 1660~1685)가 처음으로 내린 왕명 가운데 하나는 여성도 극장에서 배우로 일할 수 있도록 해준 것이었습니다. 그 이전까지만 해도 남자 배우가 여장을 하고 여성 역할을 했고 여성은 극장에서 배우 자격으로 무대에 설 수 없었습니다. 찰스 2세가 내린 이 명령은 빈민가 출신의 소녀 넬 귄에게는 다시없는 인생 역전의 기회가 됩니다.

「피터팬」에 등장하는 악당 후크 선장이 연상되는 외모의 찰스 2세.

가난하기 그지없었던 넬의 어머니는 두 딸에게 어린 나이부터 일을 시켰습니다. 물론 아동 노동을 정의하는 것이 오늘날과는 많이 다르다는 것을 염두에 두어야 합니다. 엘리자베스 1세도 공주 시절에 이복동생인 에드워드 6세를 위해 6살 무렵부터 옷을 직접 바느질해서 만들고는 했다고 하니까요. 넬의 어머니에게는 예전에 성매매 일을 했던 메리 메그스라는 친구가 있었습니다. 메리는 당시 정부의 허가를 받아 길거리에서 오렌지나 레몬 따위의 과일과 과자를 팔 권리를 가지고 있었죠. 오늘날로 치면 허가받은 노점상이었던 셈입니다.

본인 혼자서 과일을 팔 수가 없었기에 '오렌지 소녀'라는 길거리 판매원을 모집했던 메리 메그스는 넬과 넬의 언니 로즈를 고용하고 둘에게 왕립극장 앞에 가서 관객들에게 간식거리를 팔라고 시켰습니다. 길거리에 워낙 상인들이 많았기 때문에 지나가는 사람들의 이목을 끄는 데는 재능이 필요했습니다. 그 많은 상인들 사이에서 우리의 주인공 넬 귄은 예쁜 얼굴과 몸매, 또랑또랑한 목소리를 십분 활용했고 일단 사람이 자신을 쳐다보면 특유의 재치로 손님을 홀려버렸습니다. 훗날 별명이 무려 '예쁘고 센스쟁이인 넬(Pretty Witty Nell)'이었으니 알 만하지요? 별 주목을 받지 못한 언니 로즈와 달리 넬은 타고난 재능으로 주목을 받아 극장 밖에서 오렌지를 팔기 시작한지 1년도 채 되지 않아 14살의 나이로 영국 최초의 여배우 가운데 한 명으로 데뷔합니다.

넬 귄이 일하게 된 극장은 왕립극장이었습니다. 왕립극장이라니 오늘날 우리가 듣기에는 어마어마하게 으리으리하고 품격 있을 것 같지만, 17세기 당시 극장은 예매를 하거나 좌석에 모두 차분히 앉아 교양 있게 기다리는 우아한 곳이 아니었답니다. 좁은 공간에 몰아넣어진 사람들은 록 콘서트라도 보러온 듯 웅성거리며 소리를 질러댔고 배우들이나 연극 내용이 마음에 들지 않으면 집어던질 각종 음식들을 주머니 하나 가득 준비해 왔습니다. 연극을 즐기는 사람들이 매우 적은 상황이었기 때문에, 이 적지만 꾸준한 관객들이 심심하지 않도록 하기 위해서 마치 텔레비전 채널을 바꾸듯 1년에 무려 50~70개가 넘는 극들을 공연해야 했습니다. 덕분에 당시 배우라는 직업은 굉장히 힘들고 피곤한 직업이었으며 여배우들은 고급 매춘부 취급을 받기도 했습니다.

처음 무대에 오른 넬은 당시 연인이었던 찰스 하트와 「인디언 황제」라는 차분한 드라마를 1665년 3월에 공연합니다. 인디언 공주 역을 맡았지만 통통 튀는 성격의 넬에게 이 역은 별로 어울리지 않았습니다. 넬에게 애정을 가지고 지켜봤던 팬들조차 등을 돌릴 정도였죠. 이대로 다시 길거리로 내쳐질 수 없었던 넬은 두 달 만에 희극으로 무대에 복귀합니다. 다시 한 번 연인인 찰스 하트와 연인을 연기한 이 극은 대박이 났고, 넬은 배우로서 자신의 입지를 굳건히 다지게 됩니다.

이때 넬 귄이 성공시킨 희극은 「미친 연인 The Mad Couple」이라는 극으로 이후 현재까지도 흔히 등장하는 캐릭터인 '결혼을 두려워하는 연인'을 그린 작품입니다. 남자는 자유를 잃는 것을 두려워하고 여자는 결혼의 족쇄가 두려워 남자가 다가오는 것을 두려워하지요. 아류작들이 쏟아져 나올 정도로 이 극이 엄청난 성공을 거둔 것은 역사가 엘리자베스 호에 따르면 "순전히 단 한 명의 여배우, 넬 귄의 재능과 인기 덕분"이었습니다.[주4] 찰스 하트와 넬 귄은 손발이 착착 들어맞는 뛰어난 희극 배우 콤비로, 이후 여러 작품들을 함께하면서 인기를 공고히 했습니다. 그렇게 승승장구하는 넬 귄의 희극은 놀러 다니기를 좋아하던 왕의 귀에도 들어가고 찰스 2세는 냉큼 연극을 구경하러 행차하십니다.

찰스 2세는 당시 정말로 수많은 여성들과 놀러 다니는 바람둥이 중의 바람둥이였습니다. 인생을 통틀어 첩이 무려 15명은 되었다고 합니다. 서자는 그 성격상 정확히 몇인지는 알 수 없지만 최소 12~20명은 되었습니다. 워낙 수도 없이 많은 서자들이 있다 보니 이 서자들의 자손들도 귀족 직위를 가지고 번성하여 그 중 하나인 어거스터스 피츠로이는 1768년에 영국 총리가 되기도 했습니다.

처음 찰스 2세가 넬 귄을 만났을 때 두 사람은 그저 높으신 전하와 인기 여배우일 뿐이었습니다. 1665년 여름, 런던에 전염병이 크게 돌았을 때 병을 피해 다른 지방으로 떠나던 찰스 2세는 배우들을 데리고 떠났습니다. 그때 넬 귄은 자신의 어머니와 함께 왕을 따라다녔죠.

재치로 왕을 홀린 영국의 신데렐라 넬 귄의 초상.

그때는 별다른 기류가 없더라니 약 3년 뒤인 1668년에 찰스 2세와 넬 귄은 묘한 눈빛을 교환하기 시작했습니다. 넬을 보려는 것인지 극을 보려는 것인지 찰스 2세는 날이면 날마다 극장을 들락거리기 시작합니다. 연극을 관람할 때마다 찰스 2세가 넬에게 하도 말을 걸어서 당시 사람들은 "전하께옵서 극은 안 보시고 넬과 시시덕거리는데 더 큰 즐거움을 두신다."며 뒤에서 키득거리곤 했답니다.

워낙에 유머 감각이 뛰어난 넬 귄이다보니 알려진 여러 에피소드들이 있습니다. 하루는 찰스 2세가 넬을 저녁 식사에 초대합니다. 넬 귄은 왕인 찰스 2세와 훗날 왕위를 물려받아 제임스 2세가 되는 찰스 2세의 남동생 등 3명과 식사를 하게 되지요. 모두 함께 즐겁게 놀고 먹고 마시며 좋은 시간을 보냅니다. 하하호호 웃고 먹고 마셨으니 이제 계산을 해야 하는데, 이런 세상에, 왕이 돈이 없답니다. 왕 동생도 돈이 없다네요. 돈이 썩어날 정도로 많은 왕족들을 눈앞에 두고 가난한 여배우인 넬 귄이 비싼 밥값을 내게 된 것이었죠. 이 황당한 상황에 넬은 왕의 성대 모사를 하며 이렇게 비꼬았습니다. "세상에! 하긴 제가 만났던 사람들 중 가장 별로인(가난한) 모임이기는 하네요!(Od's fish! but this is the poorest company I ever was in! ; poor(가난하다, 좋지 않다의 중의적 표현)" 명색이 왕인데 돈 한 푼 없어 넬 귄이 밥값을 내주지 않으면 설거지라도 해야 할 판이었으니 찰스 2세가 할 말이 없었겠지요.

찰스 2세와 넬 귄은 그 후로 점차 가까워져서 연인 사이가 되었습니다. 넬에게는 왕을 만나기 전에 몇 명의 남자 친구가 있었는데 그중 둘의 이름이 찰스 하트와 찰스 색빌이었습니다. 서양 사람들의 수없이 겹치는 이름에 혼란스러우시듯 남자 친구들의 이름이 겹치는 것이 재밌다고 생각한 넬 귄은 찰스 2세에게 '나의 찰스 3세'라는 별명을 지어주었습니다. 명색이 왕인데 존경심 따위는 키우지 않았던 모양이에요. 이렇게 알콩달콩 만나던 넬 귄과 찰스 2세는 1670년에 건강한 아들을 얻습니다. 찰스 2세의 아들임을 공고히 하고 싶었던 모양인지 아버지의 이름을 따 찰스라 이름지은 이 아들은 찰스 2세의 7번째 서자였습니다. 찰스 2세는 헨리 8세가 그랬듯이, 수많은 서자들을 두었지만 정작 왕비와는 단 한 명의 아이도 낳지 못했죠.

아들을 품에 안은 넬 귄에게 라이벌이란 없었습니다. 유명세를 떨치던 첩 하나는 이제 나이가 들어가고 있었으며 다른 하나는 찰스 2세에게 그다지 관심을 받지 못했기 때문이었죠. 하지만 영국 왕의 첩 자리는 경쟁이 없을 수가 없는 자리이기에 이내 새로운 라이벌이 나타납니다. 바로 프랑스에서 온 루이즈 드 케루알이었죠. 자신을 보살펴주던 공작부인의 갑작스러운 사망으로 어쩔 줄 모르는 루이즈를 찰스 2세는 왕비의 궁중 말동무로 임명했습니다. 프랑스에서 루이즈를 찰스 2세의 첩으로 만들기 위해 일부러 찰스 2세 앞에 던져놓은 것이라는 소문도 있으나 확실치는 않습니다. 이유가 어찌되었건 루이즈는 곧 찰스 2세와 그렇고 그런 사이가 되었습니다.

손가락 하나로 왕을 좌지우지할 수 있었던 넬 귄에게 루이즈 드 케루알의 등장은 경악스러운 일이었고, 둘 사이에는 신경전에 불이 붙었죠. 물론 지금까지 본 뻔뻔할 만큼 직설적이고 대담한 넬의 성격상 당연히 넬이 루이즈를 가지고 논 격이었죠. 루이즈는 굉장히 어린애 같은 성격으로 늘 칭얼거리고 울상이었다고 합니다. 항상 입을 삐죽거리며 투정 부리는 루이즈를 고깝게 생각한 넬은 별명을 2개나 지어주었습니다. 늘

찡그리고 다닌다며 '찡그리다'라는 뜻의 단어인 스퀸트(Squint)를 이용하여 '스퀸타렐라(Squintarella)'라고 부르는가 하면, 매일 징징거리며 울어댄다고 '수양버들'이라 부르기도 했습니다. 영어로 수양버들은 '위핑 윌로(weeping willow)'인데요. 여기서 위핑이 '흐느끼다'라는 뜻이기 때문이었죠.

어느 날 프랑스의 왕자가 사망했을 때 루이즈는 자신이 프랑스 왕족과 연관이 있는 아주 중요한 사람이라며 자랑하고 싶었던 모양인지, 온통 검은 상복을 입고 나타납니다. 그런 모습을 보고 아니꼬웠던 넬 귄은 다음날 똑같이 검은 상복을 차려입고 나타나지요. 사람들이 깜짝 놀라자 넬은 배우로서의 재능을 한껏 발휘하며 흐느끼고는 몽골의 칸이 죽었다고 말했습니다.

"아니 넬 양, 몽골의 칸과 도대체 무슨 관계가 있길래요?"라는 질문이 쏟아지자 넬 귄은 온통 눈물로 젖은 얼굴을 들고 "마드모아젤 루이즈가 프랑스의 왕자님이랑 가진 관계와 똑같은 관계요."라고 대답했습니다. 프랑스 왕족과 직계라는 듯 거들먹거리던 루이즈에게 한방 먹인 셈이었죠.

전해오는 이야기 중 가장 유명한 것으로는 루이즈는 프랑스에서 왔기 때문에 가톨릭 신자였고 넬은 영국인이었기 때문에 개신교 신자였던 데에서 비롯된 일화가 있답니다. 가톨릭과 프랑스를 굉장히 싫어하던 영국인들은 어느 날 길을 가는 넬의 마차를 보고 루이즈의 것이라고 착각합니다. 프랑스에서 온 여자가 왕의 마음을 뺏어간 것이 영 탐탁지 않았던 사람들은 마차를 향해 돌을 던지고 욕설을 퍼붓고 소리치면서 '왕의 가톨릭 창녀'라고 악담을 퍼부었습니다. 돌이 머리 위를 날아다

넬 귄의 영원한 라이벌 루이즈 드 케루알. 피터 렐리가 1671년에 그린 그림이다.

니는 위험한 상황임에도 불구하고 넬은 차분히 마차에서 내려서 상냥하게 웃으며 크게 소리쳤습니다.

"좋으신 분들~! 잘못 아셨네요. 전 개신교 창녀랍니다."

태평하게 자신을 깎아내리는 농담을 던지는 넬의 말에 그 자리에 있던 사람들은 껄껄 웃었고 오히려 축복의 말을 던지며 길을 터주었다고 합니다.

찰스 2세는 자신의 아이도 낳은 넬에게 워낙 너무 심한 처사만 보였죠. 넬이 정말이지 가진 것이 아무것도 없다는 것을 뻔히 알면서도 찰스 2세는 루이즈를 비롯해서 다른 정부들에게는 집도 사주고 직위도 내려주었지만 넬과 넬의 아이인 찰스에게는 아무것도 주지 않았습니다. 심지어 아들도 낳은 넬은 여전히 평민이었는데 그 사이에 치고 들어온 루이즈는 공작부인이라는 작위까지 받아냅니다. 넬은 하다못해 집도 없었습니다. 찰스 2세와의 사이에서 아들을 또 하나 낳았지만 넬 귄에게는 그 어떤 것도 주어지지 않았죠. 자신에게 아무것도 주지 않는 것은 참을 수 있었지만 자식이 홀대당하는 것은 참지 못하는 어머니였던 넬 귄은 마침내 결단을 내립니다.

첫째 아들인 어린 찰스가 6살이 되었을 무렵이었습니다. 넬 귄은 아이의 아버지인 찰스 2세가 놀러온 날 밤 들으라는 듯 큰 소리로 어린 아들에게 소리를 질렀습니다. "찰스, 이 사생아 놈아! 당장 이리와!!" 어린 아이에게 하기엔 너무나 독하고 못된 소리에 찰스 2세가 애한테 그게 무슨 소리냐며 질색하자 넬 귄은 새침하게 대꾸했습니다. "이거 말고 따로 부를 이름을 주시지 않으신 건 전하가 아니신가요?" 망치로 머리를 한 대 얻어맞은 기분이었는지 찰스 2세는 그날 당장 어린 찰스에게

엄마를 빼다박은 듯한 1대 세인트 올번스 공작, 찰스 보클레어.

버포드 백작 직위를 내렸고 5살인 둘째는 보클레어 경으로 임명했다고 전해집니다. 얼마 후에는 넬 귄에게 저택과 여름 별장까지 하사했죠. 어린 찰스가 14살이 된 1684년에 세인트 올번스 백작이 사망하자 찰스 2세는 어린 찰스에게 세인트 올번스 공작 직위도 내려줍니다. 이 직위는 오늘날까지도 물려내려와 2014년 현재 넬 귄의 자손은 14대 세인트 올번스 공작 직위를 가지고 있습니다.

 수많은 여자들과 염문을 뿌리고 셀 수 없이 많은 서자들의 씨앗을 뿌린 찰스 왕은 1685년에 유언으로 "불쌍한 넬이 굶주리지 않게 하라."는 말을 남기고 사망합니다. 뒤늦게 철이라도 든 셈이려나요. 넬이 평생토록 보살핌을 받을 수 있도록 죽기 전까지 걱정했던 찰스 2세의 배려였지만 3년도 채 지나지 않아 넬 역시 발작을 겪고 37살의 나이에 사망합니다.

 빈민가에서 태어나 왕궁에 입성한 현실 속 신데렐라로, 당대의 인기 여배우로, 왕의 연인으로 사랑받았던 넬 귄의 성격을 보여주는 에피소드를 하나 더 소개하자면, 어느 날 넬의 마부가 다른 마부와 치고받고 싸우고 있었습니다. 넬이 도대체 왜 싸우냐고 묻자 넬의 마부가 "이놈이 마님을 창녀라고 부르잖아요!"라며 억울해했습니다. 그러자 넬은 웃으면서 "어, 나 창녀 맞아. 싸우려면 제대로 된 이유로 싸워."라고 말했답니다.

9. 튤립에 미친 사람들

— 17세기 네덜란드에서 벌어진 최초의 거품 경제 소동

네덜란드, 하면 무엇이 떠오르세요? 당연히 풍차와 튤립이겠죠? 튤립은 언제 네덜란드에 들어왔고 대중적으로 인기를 끌게 되었을까요? 튤립이 네덜란드 토종 식물이 아니라는 사실에 놀라는 분들도 있을지 모르겠네요.

옛날 16세기에 신성로마제국 황제 페르디난트 1세(1503~1564, 재위 1556~1564)는 '나의 영향력을 멀리멀리 뻗어둬야겠다!'는 생각으로 저 멀리 오스만 제국으로 자신이 총애하던 대사인 오지에 뷔스베크를 보냈습니다. 오스만 제국은 1299년부터 무려 1923년까지 존재한 제국으로 오늘날 터키입니다. 오스만 제국이 워낙 세력이 방대하고 컸던지라 멀리멀리도 아니긴 합니다만, 당시 사람들 생각으로는 꽤나 멀고도 이국적인 놀라운 곳이었죠.

작가이자 원예가이기도 했던 오지에 뷔스베크는 어느 날 콘스탄티노

플(오늘날 이스탄불)에서 매우 예쁘고 신기한 꽃을 발견합니다. 그 꽃은 바로, 이번 이야기 주제가 튤립이니까 당연히 튤립이었죠. 꽃을 사랑했던 그는 새로운 꽃을 고향 사람들에게 자랑할 생각에 신이 나서 튤립 몇 송이와 씨앗을 챙겨 돌아왔고 사람들은 난생처음 보는 모습을 가진 아름다운 꽃에 열광하기 시작했습니다.

'튤립남' 오지에 뷔스베크.

물론 초기에는 정원을 가꾸는 것을 즐기고 꽃을 사랑하는 귀족들이 독특하고 신기한 생김새의 꽃에 홀랑 반해 유행하기 시작했지만 돈 냄새를 맡은 사람들이 우르르 몰려들면서 튤립은 더 이상 정원 한쪽 구석에서 피어나는 멋지고 이국적인 꽃이 아니게 됩니다. 귀족들뿐만 아니라 평민들까지도 꽃이 예뻐서가 아니라 돈이 된다는 이유로 튤립 한 송이에 목숨을 걸기 시작한 것입니다. 점차 증가하던 튤립에 대한 대중의 관심과 투자는 시장에서 튤립 한 송이의 가치를 천정부지로 끌어올렸고 100여 년이 지난 1635년이 되자 튤립 한 송이 가격이 무려……

밀가루 4톤

호밀 8톤

침대 하나

통통한 황소 4마리

통통한 백조 8마리

통통한 양 12마리

옷 한 벌

와인 두 통

맥주 4톤

버터 2톤

치즈 454킬로그램

은잔 하나

등등을 다 줘야 튤립 한 송이를 얻을 수 있을 정도가 되었습니다. 그림의 화려한 튤립은 '영원한 황제'라는 뜻을 가진 셈페르 아우구스투

1637년 카탈로그에 등장한 튤립. 가장 비싸게 팔렸다는 셈페르 아우구스투스라는 품종으로, 영화 「마이 페어 레이디」(1964)에서 배우 오드리 헵번이 입었던 화려한 드레스가 연상된다.

스(Semper Augustus) 품종을 그린 것입니다. 이 품종은 1637년에 한 뿌리에 무려 5,500길더에 거래되었는데 이를 현재 가치로 환산하면 무려 10만 달러에 달합니다. 10만 달러라니! 꽃 한 송이에 무려 1억 원이 넘는 가격입니다. 여자 친구한테 꽃 10송이 사줬다간 몸 팔아도 다 못 갚을 지경이네요.

위의 튤립 그림을 보면 우리가 일반적으로 생각하는 단색의 튤립과는 달리 묘한 무늬가 있죠. 튤립이 유행하기 시작한 지 얼마 지나지 않

네덜란드 황금기에 활동한 정물화가인 한스 볼론기어가 1639년에 그린 그림. 불과 3년 전인 1636년이 었다면 꽃병에 꽂힌 튤립 가격을 합산하면 과연 얼마였을까 궁금해진다.

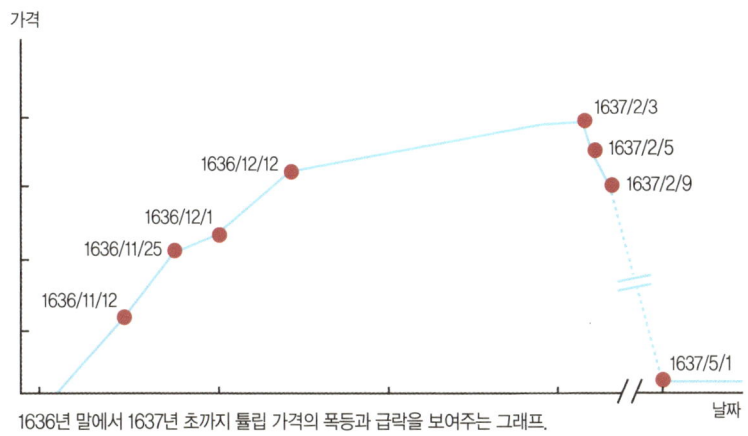

1636년 말에서 1637년 초까지 튤립 가격의 폭등과 급락을 보여주는 그래프.

아 질병이 퍼지기 시작하면서 튤립 색깔이 특이하게 변하여 나타나게 됩니다. 그림의 튤립을 보면 마치 크랙 매니큐어 같은 문양이 생긴 모습인데요. 이런 모양을 보고 질이 떨어졌다고 생각하기는커녕, 오히려 더 아름답다고 여겨 예쁜 문양이 나올수록 가격이 하늘 높은 줄 모르고 치솟았습니다.

이렇게 튤립 가지고 다들 미쳤던 것이 역사상 최초의 버블 경제 현상이랍니다. 버블 경제란 실제 가치보다 훨씬 높은 수익을 얻을 수 있을 것이라는 희망으로 인해 시장 가격이 지나치게 높아지면서 비이성적으로 투기를 하며 생겨나는 것입니다. 물가는 안정적인데 해당 자산의 가치만 급등하면서 갑작스럽게 부자가 되는 사람들이 순식간에 늘어나게 되죠. 지금 이야기하고 있는 최초의 버블 경제인 튤립 이외에도 1830년대에 일어난 영국의 철도 버블이 있고 1920년대 미국의 황금기 당시 폭등했던 주가 버블은 1930년대에 미국의 경제 대공황을 불러오기도 했습니다.

프랑스 화가 장-레옹 제롬(1824~1904)이 그린 「튤립광The Tulip Folly」(1882). 이미 추락한 튤립의 가치를 올리고자 희소성을 위해 튤립을 밟아 죽이고 있다.

이런 현상은 20세기 이후 더더욱 많이 관찰되고 있죠. 그중 우리에게 가장 친숙한 것은 부동산 버블과 일본의 버블 경제일 것입니다. 버블 경제의 특성은 생길 때는 비누거품 생기듯 보글보글 막 부풀어오르다가 꺼질 때는 눈 깜짝할 사이에 확 꺼져버리는 것이죠. 그와 마찬가지로 1637년 2월이 되자 거품은 급작스럽게 꺼져갔고 지구를 뚫고 나갈 듯 기세등등하던 튤립 가격은 사정없이 추락하기 시작했습니다.

이 튤립 사건을 통해 정말 많은 사람들이 하룻밤 새에 갑부가 되는가 하면 쪽박을 차기도 했으니 오늘날과 그리 다를 바가 없지요? 튤립 가격은 이후 계속 쭉쭉 내려가서 쪽박 찰까 두려운 사람들이 법원으로 몰려가기도 했습니다. 하지만 법원에서는 튤립 가격을 약정했던 계약서들은 죄다 도박성 투기로 취급했고 결국 몇 억에 거래하겠노라 약속했던 계약서들은 휴지 조각만도 못하게 되었습니다.

그러더니 얼마 후 결국 튤립은 1천 원도 안 되는 가격에 거래되기 시작했습니다. 한 송이에 1억을 주고 산 꽃을 1천 원에 팔다니, 뒷목 안 잡은 사람이 없을 지경이지요. 튤립 가격은 결국 다시는 예전처럼 돌아오지 못했지만 네덜란드에는 그때 널리널리 퍼진 튤립들이 오늘날까지도 아름답게 꽃을 피우며 네덜란드를 꽃의 나라로 만들고 있습니다.

튤립이 불러온 역사상 최초의 거품 경제를 두고 최근 이것이 네덜란드 경제에 그리 큰 타격을 주지 않았고 이후 네덜란드 경제가 더욱 발전하였다는 이유로 버블이 아니었다고 주장하기도 합니다. 하지만 튤립에 대한 광기가 실제로 수많은 가족을 빚더미 위에 앉게 하고 소비력을 떨어뜨렸기 때문에 이는 결과적으로 잠시나마 네덜란드의 경제를 후퇴시켰으므로 첫 번째 버블 경제라 칭할 수 있을 듯 합니다. 게다가 그 뒤로 현재까지 일어난 모든 버블버블 보글보글한 광기에 다 대입될 수 있을 정도로 표본적인 행태도 보이고 있지요.

다음에 길을 가다 아름답게 핀 튤립을 보신다면 약 500년 전에는 저 꽃 한 송이가 억!! 소리 나는 가격이었을 수도 있었다는 것을 기억하시면서 감상해주세요.

10. 여장부, 또는 편애하는 어머니
– '유럽의 장모'라 불린 여제 마리아 테레지아의 가족 이야기

2011년 7월 4일, 98살의 한 노인이 세상을 떠났습니다. 그의 장례식에는 스웨덴 왕, 룩셈부르크 대공, 루마니아의 전(前) 왕, 불가리아의 전 차르 등 왕족들과 유럽의 수많은 유명 인사들이 참석하였습니다. 그의 이름은 오토 폰 합스부르크로, 합스부르크 왕가의 마지막 후계자였죠. 살아생전 오스트리아, 헝가리, 보헤미아, 갈리시아, 달마티아, 크로아티아, 슬라보니아, 로도메리아 등 방대한 지역의 왕위를 이어받을 황태자였던 그의 죽음에 몇몇 국가에서는 13일에 걸쳐 그의 죽음을 애도하였습니다. 이로써 합스부르크 왕가는 짧지 않은 역사를 마무리하였습니다. 물론 합스부르크 가문의 자손들은 지금도 번성하고 있지만 왕가의 맥은 영원히 끊긴 것이랍니다.

합스부르크 가문은 유럽을 거의 집어삼키다시피 했던 거대하고 강력한 가문으로 1438년부터 1740년에 이르기까지 300년에 걸쳐 신성로마

제국의 황제직을 가지고 있었고 스페인, 포르투갈, 오스트리아, 헝가리, 보헤미아, 갈리시아, 독일 등 많은 국가의 왕위를 가지고 있었습니다. 10세기 무렵 시작된 합스부르크 가문은 점차 세력을 늘려가며 무려 20세기까지 권력을 유지해왔습니다. 다만 그 권력을 유지하는 데 있어 전쟁만으로는 한계가 있었기 때문에 근친혼을 반복했고 결국 그 폐해로 많은 자손들이 끔찍한 유전병을 앓게 됩니다.

합스부르크 가문의 문장.

특히 그중에서도 합스부르크 가문의 주걱턱은 근친을 통한 유전병 가운데 가장 유명한 사례로 꼽힙니다. 신성로마제국 황제였던 카를 5세가 앓고 있던 극심한 주걱턱 증상은 카를 5세의 딸이 사촌과 결혼을 하고 그들의 딸이 외삼촌과 결혼을 하는 등의 근친혼을 통해 점차 심해져 유전되었습니다. 결국 약 150년 후 스페인의 왕이 된 카를로스 2세는 유전병이 너무나 심각해서 8살이 되어서야 겨우 걷고 거대한 혀가 입 밖으로 나와 말도 똑바로 하지 못하고 밥도 제대로 먹지 못하는 등 엄청난 고통을 받았으며 성적 불구인 탓에 자녀도 남기지 못하고 38살의 나이로 사망하였습니다. 카를로스 2세의 죽음으로 스페인에서 합스부르크 왕가는 대가 끊겼으니, 가문의 힘을 키우기 위해 행했던 근친혼이 도리어 가문을 말아먹은 셈이지요.

물론 카를로스 2세가 죽고 난 뒤에 합스부르크에서 다시 스페인을 얻으려 노력하지 않은 것은 아니있습니다. 당시 합스부르크 가문이 오스트리아와 스페인으로 나뉘어 있던 상황이었기에 오스트리아 합스부르크에서는 당연히 자신들이 카를로스 2세의 후계자라고 주장했고 합스부르크 가문의 수장이자 신성로마제국 황제인 레오폴트 1세의 둘째아들이자 훗날 신성로마제국 황제 카를 6세가 되는 카를 대공이 스스로가 스페인의 왕이라 주장하게 됩니다. 하지만 카를로스 2세가 죽기

조상들의 근친혼을 통한 가장 큰 피해를 받았던 카를로스 2세의 초상화.

전에 이미 후계자로 지목했던 이가 있었으니, 그는 바로 프랑스의 앙주 공작, 필립이었습니다. 자다가 스페인의 왕위가 굴러들어왔으니 필립은 이미 냉큼 스페인으로 달려와 펠리페 5세라는 이름으로 스페인 왕위에 올라 있었습니다.

하지만 신성로마제국은 물론, 프랑스가 스페인까지 집어먹는 꼴은 눈에 흙이 들어가도 못 볼 앙숙인 영국을 포함해 포르투갈, 스코틀랜드, 아일랜드는 카를 6세의 손을 들어주었고 스페인 왕 자리를 놓고 지루한 혈투가 무려 13년 이상 이어집니다. 1711년까지 카를 대공은 스페인의 카탈루냐에서 싸움을 계속하고 있었습니다. 하지만 형인 요제프 1세가 사망하면서 동생인 카를 대공이 신성로마제국의 황제로서 카를 6세가

되자 전세가 역전됩니다. 프랑스가 스페인을 가져가는 것도 영 탐탁치는 않았지만 그렇다고 신성로마제국의 합스부르크 가문이 스페인을 다시 가져가는 것도 마음 내키는 선택은 아니었거든요. 결국 카를 6세는 스페인을 포기하고 합스부르크 가문의 유일무이한 남성 후계자로 남게 됩니다.

형인 요제프 1세가 남긴 것은 딸들뿐이었고 카를 6세는 죽은 형의 자식들에게 자신의 왕위를 물려줄 마음이 전혀 없었습니다. 물론 이럴 것을 예상한 아버지인 레오폴트 1세는 살아생전에 형제에게 계승에 관한 조약에 서명하도록 했었지만 그런 걸 왕들이 일일이 신경 쓰고 따랐다면 역사가 이렇게 흥미진진하지 않았겠죠? 카를 6세가 왕위에 오르기 8년 전에 서명했던 조약은 첫째 아들인 요제프 1세는 신성로마제국과 기타 합스부르크 가문이 물려받는 모든 지위를 가지고 카를 6세는 스페인을 다스림으로써 다시 한 번 합스부르크 가문을 둘로 나눈다는 전제 아래 쓰였습니다. 만약 요제프 1세가 아들이 없이 사망한다면 동생인 카를 6세가 모든 것을 물려받는 것이었고, 두 사람 다 아들 없이 사망하면 계승 순위에서 첫째인 요제프 1세의 딸들이 카를 6세의 딸들보다 무조건 우선이라는 것이었죠.

요제프 1세는 정말로 딸들만 남기고 사망했고 카를 6세가 아들을 낳지 않는다면 합스부르크 가문은 끝장나는 셈이었습니다. 1권에서 만났던 영국의 헨리 8세의 초조함이 여기에서도 느껴지지요. 그래서 카를 6세는 왕위에 오른 지 2년 만에 아버지가 만든 조약을 뒤엎는 〈1713년 국사조칙〉을 만듭니다. 내용은 간단합니다. 한마디로 '내 아들이 못 받으면 내 딸이 모든 것을 물려받을 것'이라는 내용이었으니까요. 여자는

딸아이자신의 후계자임을 끝끝내 용납하지 못했던 마리아 테레지아의 아버지, 카를 6세.

정략결혼해서 아들만 순풍순풍 낳으면 된다고 생각하던 시절에 여자에게 왕위와 작위와 재산을 주겠다는 이 법령은 당연히 어마어마한 반발을 낳았지만 카를 6세는 무력으로 눌러버렸습니다. 그리고 이후 10년에 걸쳐 유럽의 다른 국가들이 이 법령을 인정하도록 만들기 위해 부단히 애를 썼지요. 그 결과 형 요제프 1세의 딸들과 결혼한 사위들만 제외하고 프랑스, 스페인, 영국, 프로이센, 덴마크, 러시아, 바이에른, 폴란드 등 거의 모든 국가에서 이 법령을 인정하였습니다.

물론 이렇게 안전망을 만들기 위해 동분서주하고 있던 와중인 1716년에 아들이 태어나 잠시 한시름 놓기도 했지만, 안타깝게도 아들은 얼마 뒤 사망했습니다. 아들이 죽은 지 얼마 되지 않은 1717년에 첫째 딸이 태어났지요. 딸의 이름은 마리아 테레지아(1717~1780, 재위 1740~1780). 훗날 유럽 대륙을 호령하며 역사의 한 페이지를 화려하게 장식할 여장부의 탄생이었지만 아버지 카를 6세는 딸의 출생 소식을 듣고도, 아기의 세례식에서도 왜 아들이 아니라 딸이냐며 불쾌감을 감추지 않았습니다. 다음도 딸, 그 다음도 딸! 딸만 줄줄이 태어났으니 카를 6세의 시름은 깊어만 갔습니다.

아들은 아니었지만 마리아 테레지아는 튼튼하고 예쁘게 자라났습니다. 외국 대사들은 공주가 커다란 푸른 눈과 붉은 빛이 도는 금발을 가진 아름다운 소녀라고 보고했죠. 마리아 테레지아는 침착하고 조용한 성격으로 아주 비상한 두뇌를 가진 것은 아니었지만 합스부르크 가문의 후계자로 부족함이 없었습니다. 하지만 딸의 아름다운 외모와 진중한 성격은 아버지 카를 6세가 보기에는 쓸모없는 것일 뿐이었습니다.

카를 6세는 죽을 때까지도 자신의 후계자가 딸이라는 사실을 인정하지 않았고 마리아 테레지아에게 여왕이 아닌 왕비에 어울리는 교육만 시켰습니다. 춤과 노래, 그림 그리기, 바느질 등만 가르친 거죠. 딸이 14살이 되어서야 겨우 의회에 참석하는 것을 마지못해 허락했지만 국가 정책을 논의하거나 딸이 중요한 문서들을 훑어볼 수 있도록 해주지는 않았습니다.

후계자이면서도 후계자 취급을 받지 못하던 와중에 마리아 테레지아의 결혼 문제가 대두되었습니다. 친척간의 결혼이 굴러다니는 돌멩이보다 흔했던 시절인지라 카를 6세는 친척인 로트링겐 공작 가문에서 큰딸을 위한 사윗감을 찾아냈습니다. 엄청난 크기의 유럽 영토를 다스려 왔던 합스부르크 가문의 후계자가 왜 다른 나라의 왕이나 왕자가 아닌 공작과 결혼을 할까, 의아한 생각이 들죠. 하지만 바로 그 점 때문에 카를 6세는 로트링겐을 선택한 것이었습니다. 여성의 지위가 현저히 낮았던 당시 힘이 센 나라의 왕이나 왕자는 합스부르크 가문과의 결혼을 통해 합스부르크 영토를 탐낼 수도 있었으니까요.

첫 번째 후보는 로트링겐 집안의 셋째 아들이자 로트링겐 공국(오늘날 프랑스 로렌 지방)의 후계자인 레오폴트 클레멘스였습니다. 하지만 그가 불과 16살에 천연두로 죽어버리자 카를 6세는 '형이 안 되면 동생으로!' 하고는 레오폴트 클레멘스의 동생인 프란츠 슈테판(1708~1765)을 오스트리아의 수도인 빈으로 불렀습니다. 오스트리아의 쉰브룬 궁전에서 6년을 살면서 마리아 테레지아와 프란츠는 아주 가까워졌고 두 사람은 연인이 되었습니다(그냥 예쁜 이야기를 위해 만들어진 것이라고 주장하는 사람도 있긴 합니다).

1729년, 아버지의 사망으로 프란츠는 로트링겐 공작이 되어 공국을

화가 안드레아스 뮐러가 1729년에 그린 10대 소녀 시절 마리아 테레지아의 초상. 집인 드레스 자락 위에 놓인 꽃은 성인이 되었을 때 자손을 많이 낳기를 염원한다는 상징이다.

물려받았고 다시 7년 뒤인 1736년 프란츠와 마리아 테레지아는 결혼식을 올리며 부부가 되었습니다. 부인이 오스트리아의 후계자이고 하니 프란츠는 자신의 나라로 돌아가지 않고 오스트리아에 머물렀는데 이는 큰 반발을 불러 일으켰죠. 지도자가 국내에 붙어 있지 않은데 어떤 국민이 마음을 놓을 수가 있었겠어요. 결국 프란츠는 장인어른의 끝없는 설득에 넘어가 결국 자신이 나고 자란 로트링겐 공국을 프랑스에 양도합니다.

마리아 테레지아가 프란츠의 초상화를 보고 반해서 결혼하고 싶어 했다는 설도 있고 두 사람이 정말 사랑으로 가득한 연애 결혼을 했다는 설도 있는데, 실제로 두 사람이 금슬이 좋았을 것이라는 사실은 무려 16명이나 되는 자녀의 수를 통해서도 짐작이 됩니다. 마리아 테레지아는 결혼 전에 열정과 애정으로 가득한 편지를 프란츠에게 잔뜩 보내기도 했고요. 비록 프란츠는 무미건조한 답변을 했지만 말이죠.

당신에게,

저는 당신이 당신에 관한 소식을 보내주셔서 끝없는 감사함을 느끼고 있답니다. 왜냐하면 전 마치 작은 강아지처럼 당신에 대해 불안해하고 있었거든요. 절 사랑해주시고 더 쓰지 못하는 것을 용서해주세요. 10시라서 배달원이 기다리고 있어요. 아듀, 나의 작은 생쥐, 내 모든 마음을 담아 당신을 안아봅니다. 아듀, 내 사랑! 난 당신의 행복한 신부예요(마리아 테레지아가 프란츠에게 보낸 편지의 일부로 제대로 예의바르게 썼는지 검사받아야 했던 편지 뒷면에 황급히 쓰임). [주5]

15살 무렵의 프란츠 슈테판.

두 사람의 연애담과 결혼담은 동화처럼 낭만적이라 인기가 높았고 정치적인 이유로 두 사람의 애정이 더욱 과대포장되기도 하였습니다. 수많은 여자들과 사랑을 속삭여도 남자답다는 말을 듣는 남성 지도자들과는 달리 단순히 왕이 아니라 '어머니'의 이미지를 가지게 되는 여왕의 경우 올바르고 아름다우며 행복한 결혼 생활을 통해 국민에게 모범이 되어야 하는 것이 암묵적인 약속이었기 때문이었죠.

1740년 카를 6세가 사망하면서 마리아 테레지아는 엄청난 혼란 앞에 놓이게 됩니다. 나라의 재정 상태도, 급여도 제대로 지급받지 못하는 군대 문제도, 정치 상황도 제대로 교육받지 못한 상황인데 아직 20대인 공주를 지켜주던 든든한 아버지가 죽었으니 온 동네방네에서 땅을 노리고 쳐들어오기 시작했거든요. 카를 6세가 살아 있을 때는 '아이고, 그럼요, 당연히 따님이 왕위를 받으셔야죠' 하고 굽실거리던 나라들이 막상 아버지가 죽자마자 '어딜 여자 따위가 감히 왕위에 앉으셔?' 하면서 예로부터 있던 살리카법(여성이 왕위에 오르는 것을 금지한 법으로 5~6세기 무렵에 프랑크 왕국에서 만들어졌다)을 들이대며 유럽 내 왕가에 있는 친척이란 친척은 죄다 전쟁을 벌였습니다. 이것이 바로 오스트리아 왕위 계승 전쟁(1740~1748)입니다. 물론 1,000년도 더 전에 만들어진 법 따위야 속 보이는 핑계일 뿐이었고 오스트리아 왕위를 뺏으면 좋고, 안 되면 영토라도 한 조각 떼어먹을 속셈이었죠.

맨 먼저 쳐들어온 것은 1권의 감자 이야기에 등장했던 프로이센의 프리드리히 대왕이었습니다. 감자 이야기에선 백성의 먹거리를 걱정하는 훈훈한 군주 이미지였지만 전쟁이란 본래 피도 눈물도 없는 것인지라 합스부르크 영토인 슐레지엔 땅을 내놓으라며 선전포고도 없이 대뜸 쳐들어왔지요. 프리드리히 대왕은 조상들이 체결했던 조약을 통해 슐레지엔이 프로이센에게 귀속되어야 한다고 주장하였고 마리아 테레지아는 넷째 아이를 가진 임산부의 몸으로 강경히 맞섰습니다.

넷째로 훗날 신성로마제국 황제가 되는 아들 요제프가 태어나자 국민들의 사기가 치솟았고, 마리아 테레지아는 7년에 걸쳐 프로이센, 프랑스, 스페인, 바이에른, 스웨덴 등과 전쟁을 벌였습니다. 이것이 7년 전

광활한 영토를 다스렸던 마리아 테레지아. 살아생전 '여왕'이라 불렸지만 사실 '어제'라는 칭호가 그보다 잘 어울린 이도 없었다.

쟁(1756~1763)입니다. 7년에 걸친 전쟁이 끝났을 때 결국 프로이센에게 슐레지엔을 양도하긴 했지만 왕위는 지켜냈습니다.

　전쟁을 치르면서 마리아 테레지아는 자신의 권리를 지키고 자리를 잡아가며 나라를 통치하는 법을 배우기 시작했습니다. 아버지가 남긴 지위 중 신성로마제국의 황제직은 여자가 오르는 것이 불가능했기 때문에 마리아 테레지아는 남편 프란츠를 황제로 만들고자 했습니다. 하지만 프란츠는 겨우(?) 대공인 데다가 가진 영토와 지위도 충분치 못했죠. 그래서 이미 1740년부터 헝가리와 보헤미아를 다스리던 마리아 테레지아는 1741년에는 헝가리의 여왕으로 즉위하고 1743년에는 보헤미아의 여왕이 되는 대관식을 올려 프란츠를 공동통치자로 지정하였습니다. 이를 통해 남편에게도 그럴듯한 지위와 영토를 쥐어주고 신성로마제국 황제 프란츠 1세로 만들었습니다. 그러나 프란츠 1세는 명목상의 황제였을 뿐이며 마리아 테레지아가 헝가리, 보헤미아, 오스트리아, 크로아티아, 오스트리아령 네덜란드 등의 통치자로서 뿐만 아니라 신성로마제국의 황후로서 모든 권력을 휘둘렀습니다.

　재미있는 점은 이 때문에 일반적인 여성의 역할을 남편인 프란츠 1세가 맡아야(?) 했다는 사실입니다. 아이를 셋이나 낳았는데 전부 딸이라면 부인이 욕을 먹는 것이 일반적인데 반해 이 부부의 경우 프란츠 1세가 '딸밖에 못 만드는 무능한 남편'이라며 온갖 욕을 다 먹었습니다. 명목상이긴 했지만 그래도 명색이 황제인데 항상 부인보다 한 발짝 뒤에 있어야 하는 데다 곁다리(?) 취급을 받아야 했던 프란츠 1세는 다행히 정치에 별 관심이 없어서 부인을 옆에서 돕는 데 만족하였다고 합니다. 그래서 이 신성로마제국 황제 폐하는 부인이 정치를 하는 동안 자연과

오스트리아의 궁정화가였던 마르틴 판 마이텐스가 그린 여제 마리아 테레지아(1759).

황제의 좌위를 가졌으나 스스로를 그저 '남편'이라 칭하며 부인을 외조했던 프란츠 1세 슈테판.

학 분야를 연구하며 쉰브룬 궁 안에 식물원과 동물원도 만들고 곤충이나 광석도 수집하는 등 취미 활동으로 하루 해를 보내곤 했습니다.

스스로 늘 한 발짝 뒤에 서 있었음은 프란츠 1세의 다음과 같은 약간 서글픈(?) 일화를 통해서도 알 수 있습니다. 어느 날, 프란츠 1세가 혼자 앉아 있을 때 여러 귀부인들이 다가와 이야기를 나누었습니다. 프란츠 1세가 귀부인들에게 앉으라고 권하자 귀부인들은 어찌 황제 폐하 앞에 서 앉는 무례를 범하겠냐며 앉을 수 없다 하였죠. 그러자 프란츠 1세는 "아, 신경 쓰지 마시오. 나는 그저 남편일 뿐이니까. 여왕님과 아이들은 궁에 있소."라고 답했다고 합니다. 주6

정치 이외의 것들에 관심이 많았던 프란츠 1세가 또 한 가지 관심을 가진 것이 있었으니, 그것은 바로 여자였습니다. 부인이 아이를 16명이나 낳을 동안 신나게 바람을 피우고 다녔지요. 마리아 테레지아는 당시 관습과는 다르게 부부가 침실을 함께 쓰도록 하여 늘 남편의 품에서 잠이 들었지만 그렇다고 남편이 바람피우는 것을 막기는 어려웠죠.

프로이센 대사가 프리드리히 대왕에게 보낸 보고서를 보면 남편에게 항상 깊은 애정을 보였던 마리아 테레지아는 남편 역시 자신을 그만큼 아끼고 정절을 지키기를 기대했고 남편이 다른 여자들을 만나는 것에 매우 상심했다고 합니다. 그럴 만도 하죠.

프란츠 1세의 가장 유명한 애인은 아름다운 손으로 유명했던 마리아 빌헬미나 폰 아우어스페르크라는 백작의 딸이었습니다. 그녀의 아버지가 프란츠 1세의 스승이었기 때문에 마리아 빌헬미나는 마리아 테레지아 황후의 궁중 말동무로 들어가게 되었습니다. 궁중 말동무가 바람 필 상대를 골라주는 제도가 아닐진대, 참으로 창의성 없게도 프란츠 1

세는 부인을 따라다니는 이 여인과 바람이 났죠. 두 사람은 아주 가까워졌고 낌새를 눈치 챈 마리아 테레지아가 마리아 빌헬미나를 아우어스페르크를 다스리는 군주와 결혼시킨 뒤에도 둘의 관계는 끝나지 않았습니다. 얼마나 대놓고 바람을 피웠는지 외국 대사나 궁에 온 손님들은 물론이고 심지어 자식들까지도 이 사실을 알았죠.

딸들 가운데 넷째인 마리아 크리스티나는 "황제 폐하는 매우 친절한 아버지이시다. 항상 친구로서 신뢰할 수 있는 분이니 우리는 아버지의 약점으로부터 아버지를 보호하기 위해 할 수 있는 일들을 해야만 할 것이다. 그것은 마리아 빌헬미나와 아버지의 관계를 의미하는 것이다."라고 말하기도 했고요. 주7

마리아 빌헬미나는 심지어 프란츠 1세의 장례식에도 참석했는데 이때 마리아 테레지아는 의연하게 그녀에게 다가가 손을 꼬옥 잡고는 "우리 모두 소중한 사람을 잃었군요."라고 말했습니다. 요즘이라면 남편이 쉴 새 없이 바람을 피웠다간 귀싸대기에다 당장 이혼감이지만, 당시에는 여왕이라 해도 남편의 바람을 참는 것을 부인의 미덕으로 생각하였습니다. 마리아 테레지아가 딸들에게 한 말 중 가장 유명한 말은 "너희는 모두 복종하기 위해 태어났으니 서둘러 복종하는 것을 배우는 것이 좋을 것이다."입니다. 그리고 남편에게 순종하는 부인의 모범을 보이기 위해 수도 없이 왔다 갔다 하는 첩들을 참아냈죠. 마리아 테레지아는 자식을 아들 5명에 딸 11명, 모두 합쳐 열여섯을 낳았는데 20살에 첫딸 마리아 엘리자베트를 낳은 후 37살에 막내인 막시밀리안 프란츠를 낳았으니 17년 동안 거의 쉴 새 없이 임신과 출산을 반복한 셈이지요. 수많은 전쟁을 치르면서 늘 임신까지 하고 있던 마리아 테레지아는 "아이들

궁정화가 마르틴 판 마이텐스가 1754년에 그린 마리아 테레지아의 가족. 총 16명의 자녀들 중 12명이 부모님과 함께 있는 모습이다.

만 아니었으면 전쟁에 직접 나갔을 것"이라 말했다고 합니다.

열 손가락 깨물어 안 아픈 손가락 없다는데, 마리아 테레지아는 몇몇 아이들을 심하게 편애하고 차별했다고 해요. 그중 주목할 만한 자녀들을 순서대로 나열하자면 마리아 안나, 요제프, 마리아 크리스티나, 카를, 마리아 아말리아, 마리아 카롤리나, 마리아 안토니아(마리 앙투아네트) 등이 있습니다.

어머니의 후계자가 될지 모른다는 기대를 받았던 둘째 딸 마리아 안나.

첫째가 일찍 죽고 태어난 둘째인 마리아 안나는 어머니처럼 여성 후계자로서 많은 관심을 받았으나 몸이 많이 약했습니다. 척추가 좋지 못해 등에 혹이 있었고 폐렴을 앓으며 호흡할 때 힘들어했죠. 남동생 요제프가 태어난 이후 후계자 자격도 잃고 정략결혼도 불가능한 신세가 된 마리아 안나는 어머니의 관심 밖으로 밀려났다고 전합니다. 하지만 워낙 영특하고 학문에 관심이 많아 아버지의 사랑을 많이 받았다고 해요. 정략결혼이 불가능했기 때문에 수녀원장이 되었습니다.

태어나자마자 누나인 마리아 안나를 밀어내고 온 국민의 관심과 사랑을 독차지한 장남 요제프(1741~1790)는 왕국의 기대를 한 몸에 받으며 자라났습니다. 다른 형제자매들이 공부를 마치고 즐겁게 뛰어놀 때도 요제프는 아들을 완벽한 신성로마제국 황제의 후계자로 키우겠다는 어머니의 욕심 탓에 쉬지도 못하고 공부, 공부, 또 공부를 해야만 했습니다. 다행히 영리하고 뛰어난 기억력을 가졌던 요제프는 어머니의 교육을 모두 소화하며 '준비된 후계자'로서 고집불통에 오만한 성격으로 자라났습니다. 마리아 테레지아가 요제프에게 붙여준 별명이 '고집쟁이(Starrkopf)'였으니 알 만하지요. 후계자 수업을 성실히 받은 요제프는 아버지 프란츠 1세가 사망한 후

첫째 아들 요제프 2세.

황제의 자리에 올라 요제프 2세(재위 1765~1790)가 됩니다.

　남편의 권력을 모두 쥐고 흔들었던 마리아 테레지아이기에 아들이 황제가 되어도 권력의 자리에서 물러나지 않았고 요제프 2세는 어머니와 함께 15년 동안 공동통치하며 자신의 신념을 정치에 반영하고자 노력하였습니다. 젊은 황제답게 개혁에 관심이 많아 급진적이었던 요제프 2세와 18세기의 계몽주의에 영향을 받긴 했지만 점차 보수적이 되어갔던 마리아 테레지아는 자주 충돌했습니다. 어머니와 늘 부딪쳤던 요제프 2세는 어머니 사후 10여 년간 계몽주의 군주로서 언론의 자유를 늘리고 종교의 자유를 보장하는 등 여러 개혁을 단행하고 많은 변화를 이끌어내었으며, 때문에 그의 정치를 '요제프주의(관료화와 반교황주의적인 가톨릭주의가 결합한 계몽절대주의)'라고 부르기도 합니다.

　미미라는 애칭으로 불린 넷째, 마리아 크리스티나는 어머니 마리아 테레지아의 생일에 태어나 가장 많은 사랑을 받았지만 어머니의 편애

나폴리 왕과 결혼 직전에 사망한 딸 마리아 요제파.

죽은 언니 마리아 요제파 대신 나폴리 왕 페르디난도 4세와 혼인한 마리아 카롤리나.

를 못되게 이용하곤 했습니다. 형제자매들의 비밀을 듣고 쪼르르 달려가서 고자질하거나 이간질을 했고 다툼이 생기면 어머니 치맛자락 뒤로 숨었죠. 마리아 크리스티나를 향한 어머니의 지나친 편애는 당연히 다른 형제들의 질투와 미움을 불러왔는데 이는 마리아 크리스티나의 결혼 문제를 둘러싸고 절정에 이릅니다.

그야말로 마마걸 마리아 크리스티나. 어머니 마리아 테레지아와 생일이 같아 편애를 받았다.

훗날 여덟째인 마리아 아말리아는 사랑하는 사람이 있었음에도 불구하고 어머니의 명령으로 연인과 헤어져 정략결혼을 했는데 마리아 크리스티나는 아버지 프란츠 1세의 죽음으로 상심해 있는 어머니를 구워삶아서 사랑하는 사람과 결혼에 성공합니다. 어머니의 상실감을 이용하는 모습을 보고 충격을 받은 형제자매들은 이후 마리아 크리스티나를 더욱 싫어하게 되었죠.

마리아 크리스티나의 연인이었던 알베르트 공작은 작센 선제후국의 그리 대단치 않은 넷째 아들인데다가 직위도 재산도 별로 없는 남자였습니다. 하지만 '미미'를 지극히 사랑했던 마리아 테레지아는 어마어마한 지참금과 함께 테셴 공작령에 성까지 내려주고 오스트리아령 네덜란드의 총독 직위까지 주었습니다. 연인과 눈물로 이별하고 낯선 타인과 억지로 결혼하러 머나먼 타국으로 떠나야 했던 다른 형제들 입장

마리아 테레지아의 자녀

1. 마리아 엘리자베트(1737-1740)

2. 마리아 안나(1738-1789) : 수녀원장.

3. 마리아 카롤리나(1739-1741)

4. 요제프(1741-1790) : 신성로마제국 황제 요제프 2세.

5. 마리아 크리스티나(1742-1798) : 테셴 공작 알베르트와 혼인.

6. 마리아 엘리자베트(1743-1808) : 인스부르크 수녀원장.

7. 카를 요제프(1745-1761)

8. 마리아 아말리아(1746-1804) : 파르마 공작 페르디난도 1세와 혼인.

9. 레오폴트(1747-1792) : 신성로마제국 황제 레오폴트 2세.

10. 마리아 카롤리나(1748~?)

11. 마리아 요한나 가브리엘레(1750-1762)

12. 마리아 요제파(1751-1767) : 나폴리 왕과 결혼 직전에 사망.

13. 마리아 카롤리나(1752-1815) : 나폴리 왕 페르디난도 4세와 혼인.

14. 페르디난트(1754-1806) : 모데나 공작.

15. 마리아 안토니아(1755-1793) : 프랑스 왕 루이 16세와 혼인.

16. 막시밀리안 프란츠(1756-1801) : 쾰른 선제후 겸 대주교.

에선 약올라 죽을 노릇이었지요. 특히 마리아 크리스티나가 연인과 결혼하면서 정략결혼에 이용 가능한 딸이 하나 줄어버린 탓에 연인과 무조건 헤어지고 정략결혼을 해야 했던 마리아 아말리아는 평생 어머니를 용서하지 않았습니다. 어머니의 편애를 악용했던 마리아 크리스티나는 죽을 때까지 다른 형제들로부터 냉대를 받았으며 특히 마리아 안토니아(마리 앙투아네트)는 언니가 프랑스를 방문했을 때도 시종일관 냉랭하게 대하고 프티 트리아농 궁을 구경시켜 달라는 요청도 무시해버렸습니다. 마리아 크리스티나는

여섯째 딸 마리아 아말리나.

그것을 잊지 않고 마음에 담아 두었고 후일 마리아 안토니아(마리 앙투아네트)가 프랑스 혁명에 휘말리자 태연히 "불쌍한 동생, 결혼하지 않았으면 좋았을 것을."이라고 말했을 뿐이었습니다. 아무리 서로 아웅다웅했다 해도 막내 여동생의 비극적인 최후에 대한 언니의 촌평이 참 무시무시합니다. 주8

　마리아 크리스티나가 어머니의 사랑을 가장 많이 받았던 딸이라면 둘째 아들인 카를(1745~1761)은 부모님의 사랑을 한 몸에 받은 아들이었습니다. 부모님의 사랑을 독차지하면 그렇게 되는지, 아니면 마리아 테레지아가 이런 성격의 아이들을 더 귀여워한 것인지 알 수 없지만 카를 역시 건방지고 오만한 성격에 4살 위인 형이자 후계자인 요제프를 매우 싫어하였습니다. 항상 후계자로서 교육받고 대우받는 형을 시기했기 때문에 툭하면 시비를 걸어 바닥을 구르고 싸웠습니다. 한 번은 '형은 일찍 태어나 겨우 대공의 아들일 뿐이지만 나는 황제의 아들'이라고 하

여 크게 몸싸움이 나기도 했죠.^{주9}

카를은 황제의 아들인 자기야말로 신성로마제국의 황제가 될 자격이 있다며 나중에 형과 황제 자리를 놓고 싸울 것이라 말하고 다녔지만 프란츠 1세는 1745년 9월 13일에 황제가 되었고 카를은 같은 해 2월 1일에 태어났으므로 정확히 따지면 둘 다 대공의 아들입니다. 그대로 어른이 되었다

둘째 아들 카를.

면 다시 한 번 오스트리아에 피바람이 불었을 수도 있지만 사춘기를 제대로 앓았던 카를이 15살에 천연두로 세상을 떠나면서 다툼은 허무하게 막을 내립니다. 카를은 죽기 직전 옆에서 울고 있는 어머니 마리아 테레지아에게 이렇게 말했다고 합니다.

"울지 마세요. 사랑하는 어머니. 제가 살았다면 울 일이 더 많으셨을 테니까요." ^{주10}

13번째 아이이자 엄마를 가장 많이 닮았다는 마리아 카롤리나는 나폴리와 시칠리아의 왕비로서 어머니보다 많은 무려 18명의 아이를 낳았지만 그중 무려 12명이 아주 어릴 때 사망하는 큰 슬픔을 겪었습니다. 막내둥이 여동생이자 프랑스 루이 16세의 왕비가 된 마리아 안토니아(마리 앙투아네트)와 가장 친해 둘이서 온갖 장난은 다 치고 다녔다고 해

요. 사람들 골탕 먹이는 걸 어찌나 좋아했던지 마리아 테레지아가 둘을 따로 떼어놓을 수밖에 없었다고 합니다. 그토록 친했기에 마리아 카롤리나는 마리아 안토니아(마리 앙투아네트)가 아직 사형 선고를 받지 않았을 때 오빠인 레오폴트 2세에게 "내 생명을 바쳐서라도 그 애를 살릴 수만 있다면……. 다시 프랑스의 왕비가 되라는 것이 아니라 수녀원에서라도 슬픈 삶을 살 수 있었으면."이라고 편지를 써서 보내기도 하고 사랑하는 여동생의 목을 잘라버린 프랑스에 크게 분개하여 프랑스 혁명 전쟁(1792~1802) 시 나폴리가 영국을 돕도록 하기도 하였습니다. 마리아 크리스티나와 매우 대조되지요.

이처럼 많은 자식을 키워내고 나라와 가문을 위해 아이들을 전 유럽으로 시집보내면서 '유럽의 장모'라는 별명을 얻었던 마리아 테레지아는 남편이 사망한 후에도 화목했던 시절을 그리워하며 죽을 때까지 무려 15년 동안 상복만 입었습니다. 국민 의무 교육제를 실시하여 지적 수준을 크게 상승시켰고 경제를 개혁하였으며 병역을 의무화하고 급여를 제대로 지급함으로써 국민 생활에 안정을 가져오는 등 국민을 위해 힘쓴 마리아 테레지아는 오늘날까지도 뛰어난 통치자이자 군주로 대단한 인기를 누리고 있습니다.

반면 어머니로서의 마리아 테레지아에 대한 의견은 분분합니다. 자식들의 교육에 관심이 많아 규칙적으로 하나하나와 대화하는 시간을 가졌던 마리아 테레지아는 아이들에게 '자신들이 가톨릭이자 제국주의자들이자 정치인' 임을 잊지 말도록 강조하였습니다. 하지만 그와 동시에 마리아 테레지아는 카를과 마리아 크리스티나만 편애하고 다른 자식들이 잘못을 저지르면 이를 엄청나게 꾸짖으며 다른 형제들과 비

피아노의 전신인 악기 클라비코드 앞에 앉아 있는 마리아 안토니아. 화가 프란츠 자비어 바겐쇤이 1768년에 그린 그림이다.

교했습니다. 아이들은 엄마의 사랑을 먹고 크는 법인데 말이죠.

　물론 오늘날의 육아 철학이 당시에도 있었던 것은 아니지만 마리아 테레지아는 아이들이 잘못을 깨달아야 제대로 된 지도자가 될 수 있을 것이라 생각했습니다. 하지만 비교당하고 자란 아이들은 마음속에 증오와 쓰라린 상처만 키웠고, 어머니의 편애는 형제들 사이가 그리 돈독하지 못하게 된 원인이 되었습니다. 오히려 프란츠 1세가 아이들의 이야기를 들어주며 좋은 아버지로 사랑과 존경을 받았죠. 참, 아버지가 어머니 뒤에 숨어 빈둥거리며 아부나 듣고 있는 꼭두각시라 생각했던 큰아들 요제프는 제외!

　참고로, 마리아 테레지아는 합스부르크 왕가의 마지막 지도자라고 알려져 있는데 이는 합스부르크 가문이 끝났기 때문이 아니라 로트링겐 가문의 프란츠 1세와 결혼하면서 일방적으로 남편의 성을 따르는 대신 합스부르크의 맥을 이어야 했던 마리아 테레지아를 위해 자녀들에게 합스부르크-로트링겐이라는 성을 주었기 때문입니다. 즉 합스부르크 가문이 끝남과 동시에 합스부르크-로트링겐 가문이 시작된 것이며 이 가문은 지금도 자손이 번성하고 있습니다. 이야기의 시작에서 말했듯이 합스부르크-로트링겐 왕가의 마지막 후계자인 오토 폰 합스부르크가 2011년에 사망하여 왕가의 맥은 끊긴 것이랍니다.

11. 왕, 왕의 아내, 그리고 왕의 주치의
– 18세기 덴마크에서 의료 복지 제도가 확립된 숨은 이유

안데르센의 「인어공주」를 낳은 나라로 유명한 덴마크는 UN이 조사한 '2013 세계 행복 보고서'에서 1위를 차지하는 등, 지난 30년간 세상에서 가장 행복한 나라 목록의 상위권을 놓치지 않은 북유럽의 행복국가입니다. 덴마크 왕실은 오늘날에도 건재하며 특유의 탄탄한 복지와 교육 정책으로 국민들의 사랑을 듬뿍 받고 있습니다. 18세기부터 있었던 덴마크의 이러한 복지와 개혁 중 일부는 왕이 아니라 왕의 주치의로부터 이루어졌답니다. 도대체 어떤 주치의였길래 왕을 좌지우지하며 나라에 개혁을 불러온 것일까요?

1749년 1월에 태어난 덴마크의 왕자 크리스티안은 덴마크 왕위의 후계자로 큰 기대를 한 몸에 받았습니다. 어린 시절 크리스티안은 총명하고 재능 있는 왕자로서 훌륭한 왕이 될 수 있을 것이라 생각되었지만 이후 양지에게 가해진 학대로 인하여 크리스티안은 어린 시절의 총기를 모두 잃고 정신병 징후를 나타내기 시작했습니다.

본인도 정신병과 알코올 중독을 앓으면서 아들에게 무관심과 무시로 일관했던 아버지 대신 어머니가 크리스티안을 돌봐줄 수 있었더라면 좋았겠지만 크리스티안의 어머니는 크리스티안이 3살 때 세상을 떠났고 아버지 프레데리크 5세 (1723~1766, 재위 1746~1766)는 새

훗날 덴마크의 왕으로 즉위한 크리스티안 7세의 왕자 시절 모습.

장가를 들었지요. 동화 속 이야기도 아니건만 새로 들어온 계모는 자신과 프레데리크 5세 사이에 태어난 아들이 왕이 되길 원하며 크리스티안을 무시하고 학대했습니다.

그런 환경에서 크리스티안의 교육을 담당한 레벤트로 공작은 크리스티안 왕자를 교육한다는 핑계로 무자비하게 폭행했습니다. 레벤트로 공작의 이른바 '교육'을 받고나면 아이는 공포에 질려 바닥에 쓰러져 거품을 물기 일쑤였습니다. 크리스티안 왕자는 비쩍 마르고 연약했으며 키도 작았습니다. 커다란 성인 남성에게 계속 학대를 당하다보니 크리스티안 왕자는 '남성적'인 것, 강함에 집착하여 점차 편집증적인 증상을 보이기 시작합니다.

자라면서 크리스티안은 친구들을 이끌고 가시 박힌 몽둥이를 들고 거리로 나가 행인을 구타하고 상점들을 때려부수는가 하면 지나친 자

위행위를 하기도 했습니다. 자위행위가 생명을 갉아먹는 끔찍한 짓이라고 생각했던 시대였기에 왕실 의사들은 크리스티안이 이대로 가다가는 후계자 생산이 불가능해지지 않겠는가 걱정하며 왕자를 말리려고 해보았지만 아무 소용이 없었습니다.

크리스티안이 17살의 불안정한 사춘기 소년이었을 때 프레데리크 5세가 세상을 떠나고 크리스티안은 평생 그를 괴롭힐 정신병을 품은 채로 덴마크와 노르웨이의 왕위에 오릅니다. 17살의 나이로 왕위에 오른 크리스티안 7세(1749~1808 재위 1766~1808)는 즉위한 해에 영국의 캐롤라인 마틸다 공주(1751~1775)와 결혼합니다. 공주로서 많은 사랑을 받고 자랐던 캐롤라인이 덴마크 궁정에 도착하여 만난 사람은 정신병이 있는 남편과 자신을 싫어하는 시어머니였습니다. 신하들은 왕이 결혼을 하면 제정신이 돌아오지 않을까 내심 기대했지만 크리스티안 7세는 공개적으로 "요즘은 자기 부인을 사랑하는 것이 유행이 아니므로 캐롤라인을 아낄 수 없다."고 밝혔으며 캐롤라인에게 무척 무관심했습니다. 크리스티안 7세는 캐롤라인과 잠자리조차 하지 않고 창녀촌만 배회하고 다녔습니다. 초조해진 신하들이 크리스티안 7세가 남자다움에 집착하는 전에 착안하여 "전하, 후계자가

크리스티안 7세의 왕비 캐롤라인.

덴마크와 노르웨이를 통치하는 막중한 자리에 오른 크리스티안 7세.

없으면 국민들이 전하를 성적 불구라 생각하지는 않을까 염려되옵니다."라고 하자 그제서야 캐롤라인과 함께했습니다. 결혼을 하면 나아지지 않을까 기대했던 신하들은 이번에는 아이를 낳으면 달라지지 않을까 기대했지만 아들인 프레데리크 왕자(훗날 프레데리크 6세, 1768~1839, 재위 1808~1839)가 태어난 뒤에도 달라진 것은 없었습니다. 크리스티안 7세는 캐롤라인에게 여전히 아무런 관심도 보이지 않았습니다. 다행히 아들이 태어나 또다시 왕을 왕비의 침실로 밀어넣을 필요가 없게 되었으니 신하들은 신께 감사했을 것입니다.

성인이 되고 왕이 되었어도 크리스티안 7세의 악동 같은 행동은 변함이 없었습니다. 그는 친할머니의 머리 위에 설탕을 던지는가 하면 의자에 바늘을 꽂아놓아 할머니를 깜짝 놀라게 하기도 했습니다. 이 정도야 손자가 칠 수 있는 수준의 장난일까요?

크리스티안 7세의 기이한 행동은 공적인 자리에서도 예외가 아니었습니다. 외국에서 자신을 알현하러 온 대사들이 허리 숙여 공손하게 절을 하는데 그들의 등을 짚고 폴짝~ 뛰어넘기 놀이를 하질 않나, 나라의 중대한 현안들을 보고하는 신하를 빤히 바라보고 있다가 갑자기 따귀를 때리지 않나, 도무지 상식적으로 이해할 수 없는 행동들이 점차 늘어만 갔습니다.

크리스티안 7세의 정신병이 점차 심해지자 크리스티안이 외국 여행 길에 데려온 독일인 주치의의 영향력이 커지기 시작했습니다. 주치의인 요한 프리드리히 슈트루엔제는 왕과 가장 오랜 시간을 보내는 사람이었으므로 왕에게 영향력을 행사하여 자신에게 추밀원 장관 직위를 내리게 했습니다. 점차 덴마크와 노르웨이는 크리스티안 7세가 아니라 슈트루엔제에 의해 다스려지는 모양새가 되어갔습니다.

이후, 슈트루엔제는 크리스티안 7세에게서 나라뿐만 아니라 부인까지 빼앗아 갔습니다. 1769년 무렵, 아직 18살이었던 캐롤라인은 자신을 거들떠보지도 않는 남편보다 다정하고 친절한 슈트루엔제를 보고 사랑에 빠졌고 슈트루엔제 역시 캐롤라인을 사랑했습니다. 난생처음 사랑에 빠진 캐롤라인은 첫사랑의 달콤함에 정신을 못 차리고 온 동네에 슈트루엔제와의 연애를 알리려는 듯 조심성 없이 행동했고 곧 모든 사람들이 두 사람의 불륜을 알게 되었습니다. 그런 상황에서 딸이 태어나자 사람들은 아이가 슈트루엔제와 꼭 빼닮았다며 수군거렸죠. 하지만 크리스티안 7세는 그런 상황에 그다지 신경 쓰는 것 같지 않았습니다. 그는 왕비와 주치의와 함께 밥을 먹고 주치의가 건네주는 서류에 서명만 휘갈길 뿐이었죠.

계몽주의에 깊은 관심을 보였던 슈트루엔제는 어릴 적부터 루소와 볼테르, 로크 등에게 영향을 받았으며 계몽주의적 글들을 작성하여 잡지에 발표하기도 하였습니다. 계몽된 사상과 개혁만이 한 나라를 발전시킬 수 있다고 믿었던 슈트루엔제에게 덴마크를 좌지우지할 수 있는 힘은 그가 늘 꿈꾸던 것이었습니다.

자신이 덴마크와 노르웨이의 왕이라도 된 양 권력을 휘두르기 시작한 슈트루엔제. 그 때문에 많은 백성들이 고통받았을 것이라고 짐작하는 것이 우리가 보아온 역사의 수순이지만, 여기서는 그 반대입니다. 덴마크와 노르웨이는 정신줄을 놓은 왕이 아닌, 진보적인 계몽 사상을 가진 의사가 다스린 덕분에 오히려 많은 덕을 보았습니다. 1770년 12월부터 1772년 1월까지 무소불위의 권력을 휘두른 슈트루엔제는 자신에게

나라를 진보적인 방향으로 이끌어가며 왕비의 사랑까지 얻은 왕의 주치의, 요한 프리드리히 슈트루엔제.

주어진 힘을 나라를 발전시키는 데 사용하였습니다.

　수천 가지가 넘는 그의 개혁 정책 가운데 대표적인 것들을 골라보겠습니다. 슈트루엔제는 고문, 강제 노역, 언론 검열 등을 폐지시키고 귀족들에게 주어진 특혜나 특권을 없앴으며 불필요하게 사용되는 세금을 절약하고 덴마크 식민지에서 벌어지는 노예 매매를 금지시켰으며 뇌물을 주고받는 것을 철저히 금하고 벌하는가 하면 대학들을 개혁하고 군대를 재정비했습니다. 당연히 중산층과 하층민들은 슈트루엔제를 좋아했지만 그때까지 누려오던 수많은 특권을 빼앗긴 귀족들은 심기가 매우 불편했습니다. 남들이야 어떻든 크리스티안 7세는 슈트루엔제의 모든 말에 동의하며 고개를 주억거렸고 슈트루엔제는 왕이나 다름없었으며 왕비는 다정하고 자상한 왕의 주치의를 사랑했습니다.

슈트루엔제를 아주 많이 닮았다는 수군거림이 있던 캐롤라인의 둘째 루이즈 공주.

하지만 이들의 괴상한 평화는 오래가지 않았습니다. 1772년 1월, 크리스티안 7세의 계모는 자신의 편들을 모아 크리스티안 7세의 침실을 급습했습니다. 왕비와 주치의가 감히 왕의 침실에서 밀애를 즐기고 있었던 것일까요? 아니요, 왕의 침실에서는 아무 생각 없는 크리스티안 7세가 휴식을 취하고 있었습니다. 정신이 아주 불안정했던 크리스티안 7세는 갑작스러운 소란에 기겁을 하고 놀랐고 사람들이 무슨 말을 하는 건지 제대로 알아듣지도 못한 채, 사람들이 시키는 대로 캐롤라인과 슈트루엔제를 체포하라는 서류에 서명했습니다.

결국 캐롤라인과 슈트루엔제는 체포되었고 캐롤라인은 순진하게도 사랑하는 남자를 살릴 수 있다고 믿으며 불륜을 자백하는 서류에 서명했습니다. 하지만 슈트루엔제는 머리와 팔다리가 잘려나가는 오체분시형(거열형車裂形)에 처해졌습니다. 캐롤라인은 왕과 이혼하게 되었고 종신형을 선고받았지만 여동생이 낯선 땅에서 종신형을 사는 꼴은 차마 볼 수 없었던 오빠, 영국 왕 조지 3세가 위협을 하여 유배를 가도록 하였습니다. 사실 영국으로 데려올 수도 있었지만 주치의와 불륜이 나서 이루어진 일이라 수치스럽다며 영국 땅을 밟는 것은 허락하지 않았다고 합니다. 이렇게 추방당한 캐롤라인은 3년 만에 성홍열에 걸려 23살의 나이에 세상을 떠났습니다.

이후 덴마크는 계모와 계모의 아들 손에 좌지우지되다가 크리스티안 7세의 아들이 16살이 되자 섭정을 했고, 정치에서 손을 뗀 크리스티안 7세는 편안히 살다가 59살에 발작으로 사망하였습니다. 남자다운 왕이 되어야 한다는 압박감 속에 아동 학대에 시달렸던 불쌍한 크리스티안 7세, 사랑하는 사람과 알콩달콩 살고 싶다는 소박한 소망을 품었던 왕비 캐롤라인, 왕이 되었다면 성군 소리를 들으며 승승장구했을 슈트루엔제에 이르기까지 자신이 일구는 것이 자신의 삶이 아니라 신분제가 절대적인 사회에서 일어날 수 있는 비극적인 삶을 살다간 세 사람의 이야기였습니다. 편집증에 걸린 왕을 치료하기 위해 온 매력적인 주치의와 아름다운 왕비의 불륜, 급진적인 사상가이자 혁명가인 주치의의 권력 쟁취라는 소재는 대단히 매력적인 소재였으므로 「로얄 어페어A Royal Affair」(2012)라는 영화로도 만들어졌답니다.

12. 햇빛을 알지 못하는 차르
― 러시아판 '철가면' 인생을 산 이반 6세의 짧고 슬픈 삶

프랑스 역사상 실존했던 철가면을 쓰고 살았던 미스터리한 죄수 이야기는 수많은 이들의 상상력을 자극해왔습니다. 그 정체조차 확실하지 않아 프랑스의 유명한 소설가 알렉상드르 뒤마는 『철가면』이란 제목의 소설을 집필하기도 하였죠. 러시아에도 이처럼 비록 철가면을 쓰진 않았으나 적어도 귀족 대접을 받았다던 프랑스의 철가면보다 못한 삶을 살았던 불쌍한 어린 차르가 있었습니다. 그의 이름은 이반. 태어난 지 두 달 만에 왕이 되었다가 어른들의 싸움에 금세 왕위에서 내쫓긴 차르죠.

어린 이반을 후계자로 삼은 사람은 이모할머니뻘인 안나 이오안노브나(1693~1740, 재위 1730~1740) 여제였습니다. 이 안나 여제 때문에 이반의 운명은 그야말로 180도 바뀌는데, 이분은 조카의 운명을 들었다놨다 했을 뿐 아니라 오늘날 러시아의 명물이 된 건축물과 관련된 재미있는 일

안나 여제 초상화.

화가 있습니다. 이반의 슬픈 운명을 이야기하기 전에 안나 여제부터 이야기해볼까요.

안나 여제가 러시아의 통치자가 된 것은 본인의 카리스마나 통치력 때문이 아니라 허수아비 왕을 올려놓고 자기들끼리 권력을 누리고자 했던 최고 추밀원 위원들의 계략 덕분이었습니다. 러시아 군주의 엄청난 절대 권력을 다스리고자 최고 추밀원 위원들은 안나 이오안노브나에게 차르의 권력을 제한한다는 추대 조건에 서명하면 러시아 황제로 추대하겠다고 했고, 안나는 거기에 서명했습니다. 하지만 안나 이오안노브나는 만만한 여성이 아니었습니다. 황위에 오른 지 얼마 되지 않아 안나는 차르 추대 조건에 코웃음을 치고는 친위대, 성직자, 궁정 관리들의 지지로 최고 추밀원을 해체시켜 버립니다. 이것만 봐도 안나 여제가 얼마나 대찬 성격인지 알 수 있지요. 이후 러시아를 평화롭고 지혜롭게 다스렸다면 참 좋았으련만 안나 여제는 현명한 군주가 될 마음은 전혀 없어 보였습니다.

'준비되지 않은 여제' 안나는 자신의 권력을 유지하기 위해서 새로운 친위대를 창설합니다. 이 친위대는 비밀 경찰의 역을 수행하기 위해 창설되어 안나 여제의 정적을 숙청하고 잔인하게 고문했습니다. 제대로 된 교육도 받지 않고 자란 안나 여제는 자신에게 쥐어진 막대한 권력과 재물에 순식간에 취해버렸고 흥청망청 그것을 누리기 시작합니다. 권력의 맛에 취한 안나 여제는 괴상한 놀이에서 즐거움을 찾았습니다. 그녀는 불이 났다는 것을 알리는 소방 종을 아무 이유 없이 울려 상트페테르부르크의 모든 사람들이 놀라 허둥지둥하는 모습을 지켜보기도 했고 귀족들에게 상추를 입에 물어서 토끼에게 먹이로 주라고 시키거나 바

안나 여제 앞에서 공연하는 광대들.

닥을 기어 다니라고 하기도 했습니다.

안나 여제가 행한 엽기적인 일들 중 가장 유명한 것은 '얼음 궁전의 결혼식'입니다. 1739년의 추운 겨울, 안나 여제는 자신을 화나게 한 나이든 귀족을 벌하기 위해 기상천외한 방법을 생각해 냅니다. 불쌍하게도 안나 여제의 분노를 받게 된 귀족은 미하엘 알렉세예비치 골리친 공작이었습니다. 그는 동방정교회가 아닌 가톨릭 신자인 이탈리아 여자와 결혼했는데, 안나 여제는 이를 배반이라 생각했습니다. 이탈리아에서 온 새 신부는 얼마 지나지 않아 죽어버렸지만 안나 여제의 분노는 죽지 않았습니다. 안나 여제는 골리친 공작의 지위를 어릿광대로 바꾼 후 칼무크 족의 아주 못생긴 하녀와 재혼하라고 명했습니다.

때마침 오스만 제국을 상대로 러시아가 승리하여 축하를 해야 했으

고문도 참으로 정성스럽게 하기 위해 불까지 세심히 조각되었던 얼음 궁전.

므로 안나 여제는 휘황찬란한 얼음 궁전을 지으라 명합니다. 궁전은 아주 으리으리하여 높이만 해도 20미터였고 넓이는 50제곱미터나 되었습니다. 궁전 안의 모든 것은 얼음으로 만들어져 있었습니다. 얼음 나무, 얼음 종달새, 얼음 기둥, 얼음 의자, 얼음 침대, 얼음 벽난로에 심지어 벽난로 속의 불도 얼음으로 만들어져 있었습니다.

이 얼음 궁전에 아주 만족한 안나 여제는 골리친 공작과 그의 새 신부를 광대로 분장시킨 뒤 코끼리에 태워 서커스 동물들과 행진을 시켰습니다. 그리고 첫날밤은 반드시 얼음 궁전에서 발가벗은 채로 보내라 명했습니다. 무시무시하게 추웠던 그 겨울밤 골리친 공작과 새 신부는 얼음 궁전 안에서 얼어 죽었을까요? 다행히 새 신부가 자신의 진주 목걸이를 병사의 코트와 맞바꾸는 기지를 발휘하여 두 사람은 살아남을 수 있었습니다.

1년 뒤 안나 여제는 간질환으로 사망했지만 골리친 공작과 그의 신부는 쌍둥이를 낳고 오순도순 잘 살았다고 전합니다. 이 심술궂은 안나 여제는 죽음 후까지 후손의 삶을 망가트리게 되는데요. 자기 멋대로 후계자를 정한 탓에 한 어린 아이가 왕위에 오르게 됩니다. 그래요, '러시아 판 철가면'의 주인공인 이반 6세지요.

> "처음부터 (안나 여제는) 왕위 계승 문제를 걱정했다. 그녀는 (아버지인) 차르 이반 알렉세예비치의 후손들에게 권력을 넘겨주고 싶었다. 그래서 그녀는 여조카 안나 레오폴도브나를 궁정으로 불러들여서 유력한 차르 계승 후보자로 만들었다." [주11]

누구에게도 사랑받지 못했던 안나 여제가 고른 후계자였으니 설령 그 후계자가 정치적으로 능수능란한 청년이었다고 해도 러시아 왕좌에 오래 머무르지 못했을 수도 있는 상황이었습니다. 그런데 안나 여제가 고른 후계자는 자신의 핏줄을 이어받은 젖먹이 갓난아기였죠.

1740년 8월, 러시아의 브룬스비크-뤼네부르크 공작 안톤 울리히에게 앙증맞은 아들이 태어났습니다. 동토의 제국 러시아의 짧은 여름 햇살 속에서 태어난 아기에게는 이반이라는 이름이 붙여졌죠. 이반의 어머니는 안나 레오폴도브나로 안나 여제의 조카였고 이반 5세의 증손녀였기 때문에 젖먹이 이반은 아이가 없던 안나 여제에게 입양되었습니다.

양어머니인 안나 여제는 태어난 지 백일도 채 되지 않은 이반을 후계자로 선포했고, 그로부터 2주 후에 사망했습니다. 그렇게 갓난쟁이 이반은 이반 6세로서 광활한 러시아를 다스리는 차르가 되었습니다.

물론 말도 못하는 어린 이반이 러시아를 정말로 다스리지는 않았고 섭정의 권력은 이 사람에게서 저 사람으로 넘어 다녔지만 이반은 이름으로나마 러시아의 황제로서 통치했습니다. 13개월 후 일어난 궁정 혁명으로 이반은 왕좌를 빼앗겼고 엘리자베트 여제가 왕좌에 올랐습니다. 아마 이제 막 아장아장 걸었을 이반 6세는 어른들이 무엇 때문에 소리를 지르고 싸우는 지 알 길이 없었을 것입니다. 왕좌에서 내쫓긴 이반은 가족들의 품에서 빼앗겨져 백해 근처에 위치한 홀

아무것도 모르는 갓난아기였던 이반 6세의 천진난만한 모습.

모고리 지방으로 보내졌습니다. 감옥에 갇힌 이반은 햇빛을 보기는커녕 대화조차 하지 못한 채로 12년을 살게 됩니다.

어린 아이가 감옥에 갇혀 있는 것을 이상하게 여긴 마을 사람들이 수군거리자 이반은 실리셀부르크 요새로 옮겨졌습니다. 이곳에 이반 6세가 도착하자 정부는 간수에게도 이반의 이름을 알려주지 않았고 이반을 칭할 때도 '그 죄수'라고 부르도록 했습니다.

그렇게 또다시 10년이 흘러갔습니다. 이반의 감옥에는 창문도 없었고 세상에는 적막만이 흐를 뿐이었습니다. 누가 가르쳐준 것인지는 알 수 없지만 이반에게 교육을 시키지 말라는 명을 따르지 않은 누군가가 있었기에 이반은 스스로를 '군주'라고 칭했고 『성경』을 읽으며 시간을 보낼 수 있었습니다. 그는 잔인한 고독이 언젠가는 끝날 것이라 생각하며 희망을 가졌을까요? 아니면 아는 세상이 감옥의 차디찬 벽뿐이었으

자신이 갇혀 있는 이유조차 제대로 알지 못했던 어린 이반 6세의 죽음이 안타깝다.

니 『성경』 속의 젖과 꿀이 흐르는 땅과 아름다운 세상은 그저 책 속의 이야기라고만 생각했을까요?

엘리자베트 여제가 사망한 뒤에도 상황은 달라지지 않았습니다. 그 뒤에 왕위에 올랐던 표트르 3세는 이반에 대해 뭘 어떻게 해볼 시간도 없이 몇 주 만에 왕위를 빼앗겼고 다음에 왕위에 오른 표트르 3세의 부인인 예카테리나 2세는 이반 6세를 안타깝게 생각하기는커녕 오히려 더 철저히 감시하도록 시켰습니다. "만약 누군가가 이반을 탈출시키려 한다면 이반 6세부터 죽여라." 이런 명령까지 내리지요.

어느 날 바실리 미로비치라는 해군 소위가 감옥에 갇혀 있는 이름 없는 죄수의 정체를 알게 됩니다. '황제를 가두어두다니!' 분노한 그는 이반 6세를 구출하려 하지만 탈출 도중에 들키고 맙니다. 들키는 순간 간수는 명령받은 대로 곧바로 이반 6세를 살해합니다.

이리하여 햇빛을 누려본 기억조차 없는 어린 차르, 이반 6세가 23년의 짧고 슬픈 생을 마감합니다. 이 불쌍한 아이가 죽음으로써 예카테리나 2세는 왕권을 굳건히 할 수 있었고 이반 6세의 가족들을 감시에서 풀어주었습니다.

그야말로 '러시아판 철가면'이 따로 없지요. 고작 23살에 죽을 때까지, 20여 년의 세월을 춥고 어두운 감옥에 갇혀 살았음에도 미치지 않고 버텨냈다는 것이 참으로 용합니다. 안나 여제는 무슨 생각으로 젖먹이 어린 아이를 후계자로 지목했을까요? 차라리 이반의 어머니를 지목했다면 적어도 이반이 어른으로 성장할 때까지만이라도 정상적으로 햇빛을 보고 자랄 수 있었을 텐데요. 한 사람의 터무니없는 계산법이 다른 한 사람의 일생을 갉아먹은 슬픈 일화입니다.

13. 마누라 사려!
– 18세기 영국의 기상천외한 이혼법, 아내 판매 관습

1826년 5월 25일: 아내 판매

브라이튼의 한 남성이 깔끔한 차림새의 한 여성의 목에 밧줄을 맨 채로 끌고 시장에 나와 아내를 판매한다고 제안했다. 여성은 그 남편과의 사이에 아이가 둘 있었으며 남성은 아이 중 하나는 자신이 가질 테니 하나는 아내를 사면 주겠노라 했다.

— 「도싯 카운티 연대기」 중에서

오늘날 우리는 결혼이란 핑크빛 사랑으로 물든 아름다운 의식이라 생각하며 행복하게 살 것으로 생각하지요. 물론 막상 결혼을 하고나면 허구헌날 싸움질만 해대는 부부가 있는가 하면 1960년대의 소련과 미국 수준으로 냉전을 벌이는 부부도 있고, 반면에 알콩달콩 깨가 쏟아지게 살고 나이가 들어도 손 꼭 붙잡고 다니는 부부도 있겠죠.

그런 것은 과거에도 전혀 다르지 않았습니다. 다만 오늘날과 달리 옛날에는 결혼의 시작도 끝도 마음대로 하기가 굉장히 어려웠지요. 특히 시작이야 마음이 맞거나 집안이 맞으면 쉽게 성사될 수 있는 일이었지만 결혼을 끝낸다는 것은, 그것도 그저 서로가 마음에 안 든다는 이유로 이혼을 한다는 것은 상상하기도 어려운 일이었습니다. 그런 와중에 르네상스를 지나면서 근세에 접어든 영국에서 중세 시대의 영주도 없고 아직 결혼법도 지정되지 않은 시절 동안에는 결혼이라는 것의 형식이 제대로 갖춰지지 않았습니다. 지금이야 서양에서는 신부님이나 목사님 앞에서 또는 시청이나 정부 기관에 가서 영원히 변치 않는 사랑을 맹

1820년대 프랑스에서 그려진 풍자화. 남편 머리 뒤에 소를 겹쳐놓아 뿔이 난 것처럼 보이게 한 것은 바람난 아내를 두었다는 상징이다.

세하는 것이 당연한 순서처럼 보이지만 중세가 끝나고 영주의 감시나 농노가 없어진 상황에서 1753년에 결혼법이 제정되기 전까지 사람들은 자기들만의 방식으로 결혼했고, 결혼했다는 사실을 나라에 잘 알리지도 않았습니다.

교회나 영주니 하며 온갖 감시자들이 득시글대던 중세와는 달리 조금 개방적이 된 18세기 사람들은 "결혼하자!" "그래!" 하면 결혼이 되어버리는 경우가 많아 당연히 생각 없이 결혼하는 경우들이 넘쳐흐를 지경이었죠. 결혼에 필요한 조건은 단 한 가지, 결혼을 할 수 있는 나이여야 한다는 것뿐이었습니다. 하지만 그 나이조차도 여자는 12살, 남자는 14살 이상이어야 한다는 것뿐이었으니 그리 큰 걸림돌은 되지 않았습니다.

결혼이 이처럼 간단한 데 반해 이혼은 무척 어려웠습니다. 애초에 여성은 결혼과 동시에 남성의 소유물이 되는 것이었는데요. 이는 정말 글자 그대로 소유물이었기 때문에 남자들은 돼지나 소, 저택 등에 대한 재산세를 내듯 부인도 소유물 가운데 하나여서 세금을 내기도 했습니다. 그런 상황에서 이혼이라니 있을 수 없는 일이었죠. 이혼을 하기 위해서는 목숨을 위협할 정도로 심각한 폭행에 시달렸거나 남편의 불륜을 참지 못한 여성이(그러니까 목숨을 위협할 정도의 폭행이 아니면 이혼 신청도 못한다는 말이죠) 교회 법정에 남편을 고발하는 방법이 있었으나 이 경우에는 재혼이 불가능하였고, 부인도 남편도 돈벼락을 맞은 부자인 경우라면 돈이 어마어마하게 들어가는 이혼 소송 절차를 밟아야 했습니다. 이혼 소송이라는 것도 요즘 눈으로 보았을 때 이혼 소송이지, 당시에는 이혼에 관한 법률이 아예 없어서 개인이 의회를 소집하여 이 부부만을 위한 이혼법을 따로 만드는 수준이었습니다. 그렇다보니 천문학적인 액수의 돈이 들어가는 것은 당연했지요.

1857년에 들어서야 이혼에 관한 법이 생겨났으나 여전히 이혼이라는 개인사를 위해 법정을 움직이는 데는 많은 돈이 들었습니다. 그저 성격이 안 맞아서 만날 바가지가 깨지는데 가난한 집안이면 둘 다 불가능했겠죠? 물론 그냥 새살림 차려서 집을 나가버리거나 부인을 쫓아내버리는 경우도 있었지만, 그랬다간 "저런 나쁜 놈을 보았나, 쯧쯧!" 하는 동네 사람들의 차가운 눈길과 냉대를 받을 각오를 단단히 해야 했죠. 실제로 부인을 쫓아낸 남자는 명예도 모르는 불한당 취급을 받았고 법적으로도 처벌받았습니다.

그러니 가난한 사람들은 아무리 이혼을 하고 싶어도 방법이 없었습니다. 그래서 영국인들은 결혼을 끝내버릴 수 있는 아주 창의적인 방법을 생각해내게 됩니다. 원수 같은 마누라를 죽일 수는 없으니 팔아버리면 되잖아!

그래서 사람들은 결혼할 때 많은 사람들 앞에서 '우리 결혼해요!' 라고 했듯이 이혼할 때도 많은 사람들 앞에서 '우리 이혼해요!' 라고 하면 되는 것 아니냐 생각하게 되었고 그리하여 부인 판매 관습이 생겨나게 되었습니다.

대부분의 부인 판매는 소나 양을 파는 시장에서 최대한 많은 구경꾼 겸 증인들을 두고 벌어졌습니다. 남편은 농담 삼아 마치 가축을 판매하듯 부인의 목이나 팔, 또는 허리에 밧줄이나 리본을 묶어서 시장에 끌고 나갔고 사람들 앞에서 경매를 했습니다. 물론 현대인의 눈으로 보면 '아니, 그런 끔찍한 짓을······.' 싶지만 당시 아내들은 경매에 나가는 것을 아주 즐겁게 받아들인 경우가 많았다고 합니다. '드디어 이 망할 놈의 남편이랑 끝이다!' 하고 생각한 모양이죠.

실제로 많은 경우 구매자는 부인의 남자친구였다고 하니 그리 걱정할 일은 없는 듯합니다. 남자친구가 아니면 남편이 이미 정해놓은 상대가 데려가곤 했습니다. 그리고 비록 경매는 남편 주도로 이루어졌지

부인을 밧줄로 묶어 경매하고 있는 남편과 관심을 보이는 입찰자들의 모습.

만 부인은 구매자를 거절할 권리가 있었다고 해요. 물론 여러 경우 정말로 최고가를 부른 남성에게 아내는 팔려갔습니다. 아내를 데리고 새로운 집으로 가기 전에 신이 난 군중들이 지켜보는 앞에서 두 사람은 여관방으로 쏙 들어감으로써 '계약을 체결' 했지요.

아무래도 부인이 눈부시게 아름다운 여성이 아닌 이상 대부분 노동력 확보 차원에서 사가는 경우가 많았을 것 같지요? 하지만 만에 하나 부인이 자신이 이렇게 팔려가는 것을 슬퍼하거나 고통스러워하는 기색이 보이면 경매는 무조건 취소되었습니다. 경매 자체가 부인과 남편의 말하자면 '합의 이혼' 의 상징적인 행사였기 때문이죠.

적게는 맥주 한 잔에서부터 많게는 100파운드(요즘의 화폐 가치로 환산하면 약 1,800만 원)에 부인들은 팔려나갔습니다. 간혹 공짜로 넘겨주기도 했다고 해요. 히지민 일반적으로 가격은 소나 양 또는 돼지와 똑같이 몸

이렇듯 축복받으며 아름다웠을 두 사람의 첫 시작이지만…….

무게 몇 그램당 얼마, 하는 식으로 매겨졌습니다.

1780년부터 1850년까지 팔려나간 부인들의 수는 공식적으로 기록된 것만 해도 300~400명이 넘습니다. 당연히 기록 안 된 경우가 훨씬 많았을 테니 생각보다 굉장히 많은 사람들이 이런 관습을 스스럼없이 받아들인 것 같아요. 때문에 굳이 시장까지 끌고가지 않고도 부인을 파는 경우들도 일어났습니다.

부인이 다른 남자와 바람 피우는 현장을 딱 잡고 분노가 폭발하려는 찰나, 그 다른 남자가 "그러지 말고 내가 이 여자를 사겠네!" 하면 "어 그래? 뭐, 그, 그러지 뭐……." 해서 부인을 팔기도 하고 술집에서 술을 진탕 퍼마시고 주정을 부리며 딴 남자에게 자기 부인을 팔아서 얼떨결에 부인을 뺏기기도 했습니다. 유머러스한 분위기에서 진행되긴 했지만 판매는 판매였기 때문에 가축과 마찬가지로 한 번 팔면 다시는 권리를 주장할 수 없었다고 해요.

이런 부인 판매는 언제 시작했는지 정확히 알 수 없지만 17세기 말쯤 시작되어 무려 20세기 초까지 지속되었습니다. 1913년에는 한 부인이 자신이 1파운드에 팔렸다고 주장하기도 했습니다. 이런 희한한 관습을 재밌게 여긴 작가 토머스 하디는 「캐스터브리지의 시장The Mayor of Casterbridge」(1886)이라는 장편소설을 쓰기도 했습니다. 소설에서 남편은 술에 잔뜩 취해 부인과 딸을 팔아버리지만 곧 후회합니다. 그리고 평생을 고통 속에 살아가지요.

부인 판매는 대부분 이혼 비용을 감당할 수 없는 가난한 계층에서 많이 이루어졌습니다. 부인 판매 기록 문헌을 살펴보면 남편들의 직업은 대장장이나 굴뚝청소부, 마차 수리공 등이 대부분입니다. 하지만 개중에는 신사라고 기록된 경우도 종종 있어 상류층에서도 이따금 벌어졌던 일임을 짐작할 수 있습니다.

알려진 것 중 가장 높은 신분으로 부인을 구매한 사람은 헨리 브라이지스입니다. 제2대 샨도스 공작이었던 그는 여행을 갔다가 런던으로 돌아오는 길에 여관에 들러 식사를 합니다. 여기서 어떤 일이 벌어졌는지는 알려진 것으로는 다음과 같은 2가지 이야기가 있습니다.

1. 여관의 마구간지기가 자신의 부인을 아주 끔찍하게 폭행하는 것을 목격한 샨도스 공작이 그녀를 구출하기 위해 마구간지기에게 돈을 주고 사들였다. 젊고 아름다운 여성이었던 앤 웰스를 집으로 데려간 공작은 그녀를 꾸미고 교육을 시켜주었고 마구간

지기가 죽고 나자 결혼했다. 부인은 죽기 직전 저택의 하인들을 모두 불러 이 이야기를 들려주었다. ─「젠틀맨 매거진」(1832)

2. 샨도스 공작은 여관에 들렀다가 한 남성이 부인의 목에 밧줄을 두르고 시장으로 가는 것을 목격했다. 뭘 하는 거냐고 물어보니 부인을 팔러 간다고 했는데 부인이 참으로 아름다워 공작이 한눈에 반해버렸다. 그래서 그는 그 자리에서 그녀를 사들여 곧 결혼했다. ─「노트 앤 쿼리스」(1870)

만약 이 둘 사이에 아들이 태어났다면 불륜이냐 아니냐 가지고 엄청나게 난리가 났겠지만 다행히 아들은 없었다고 합니다. 아무래도 고귀하신 공작님이 신분이 엄청나게 낮은 여성을 구매(!)해서 부인으로 삼은 일이니 꽤나 시끌벅적했던 모양이에요.

나라에서는 이를 안 막고 뭘 했을까 싶지만 사실 나라에서조차 이런 관습을 자신들이 막을 권리가 없다고 생각했답니다. 왜냐면 부인은 남편의 소유물이니까요! 집도 절도 다 팔아도 되는데 왜 부인은 팔면 안 되겠어요? 그래서 경찰이나 법관들이 길을 지나다 부인을 팔면서 남편들이 "허리도 엉덩이도 아주 튼튼해서 밭일을 참 잘합니다! 원하시면 옷가지도 같이 드려요! 성격은 안 좋지만 건장한 남자분이 데려가시면 고분고분하게 다루실 수 있을 거예요!" 하는 걸 보더라도 막을 수도 없었고 설령 막으려 했다가는 군중들한테 몰매 맞고 쫓겨나기 십상이었답니다.

실제로 1819년에 아내 판매를 막으려고 했던 한 치안 판사는 분노하는 군중을 피해 허겁지겁 달아나야만 했으며 그 스스로도 "애초에 내가 판매를 막을 권한이 있는지 잘 모르겠다."고 말했습니다. 물론 법적으로는 이런 식으로 만난 남자와 여자가 살림을 차리는 것은 불륜으로 여겨졌고 그들에게서 태어난 자식들은 유산을 물려받을 자격이 없었으나 일반적으로 정부는 모르는 척 그냥 두었습니다. 가난한 사람들의 경우 결혼해도 혼인신고조차 하지 않은 경우가 많았으니 법적으로 따지면 이들은 불륜조차도 아니게 되는 셈이었지요.

오늘날의 시각에서 보면 너무나 황당하고 어처구니가 없는 이런 부인 판매 관습은 부인 판매가 급속도로 증가한 1780~1850년 즈음에 상류층에서 반드시 없애야 할 풍습으로 지정하여 없애기 위해 큰 노력을

1816년에 한 신문에 실린 풍자화. 가장 높은 가격을 부르는 자에게 아내를 팔겠다는 남자.

1812년 무렵에 그려진 부인 판매 광경. 허리에 동여매진 밧줄과는 달리 부인은 매우 당당한 모습이다.

하였고 20세기 들어 여성의 인권을 존중하게 되면서 자연스럽게 사라져갔답니다.

부인 판매는 적어도 서양에서는 옛이야기가 되었습니다. 어떻게 보면 유쾌하고 어떻게 보면 어처구니없는 재미난 사건이지요? 저는 개인적으로 부인이랑 서로 합의하고 부인을 파는 건 그냥 신기하다 싶은데 자식까지 팔아치운 건 정말 이해하기 힘드네요.

14. 패션 리더? 패션 테러리스트?
– 18세기 중반 영국의 별난 남성 패션 이야기

　이번 이야기는 18세기 중반 영국에서 유행했던 허세남들의 패션에 관한 것이랍니다. 역사를 보면 각 세대마다 참 독특한 패션들이 등장하지요. 뒤에서 이야기할 1920년대 미국의 '플래퍼'들은 무릎까지 올라오는 짧은 치마와 싹둑 잘라버린 짧은 머리로 세상을 놀래켰고, 우리나라에서도 윤복희의 미니 스커트와 달걀 세례가 새로운 패션의 시작을 드라마틱하게 알렸죠. 18세기 중반 영국에서도 '어머나 세상에!'를 부르짖게 만들었던 패션 리더랄까, 패션 테러리스트들이 있었답니다. 이들에 대해 알기 위해 우선 1권의 카사노바 이야기에도 나왔던 그랜드 투어를 다시 한 번 설명할게요.
　요즘 우리는 정말 다양하고도 다양한 학문들을 공부합니다. 과거 유럽의 상류층 자제들도 우리처럼 공부를 많이 했습니다. 우리에게 서양사는 사실 흥미 위주이 알면 좋고 몰라도 그리 삶에 영향은 없는 과목이지만 옛날 유럽인들에게 유럽사는 훗날 정계에 진출하거나 살아가면서 반드시 필요한 것이었습니다. 더군다나 딱 붙은 나라들이었으니 해외 인사들이랑 친하게 지내는 것은 필수였죠. 사내아이들은 수많은 전쟁들에서 사용된 전술, 장군들, 왕들을 배웠고 그리스·로마 신화를 필독서로 읽으면서

마카로니 패션. 과장된 그림이 아니다.

문학적 소양을 키웠습니다. 그런 아이들이 어느 정도 나이가 차면 직접 눈으로 보고 경험하도록 집안에선 돈을 잔뜩 써가며 해외 유학을 보내주었습니다. 뭐 요즘이랑 그리 다를 것은 없죠? 유복한 집안에서 곱게 자란 아이들은 유럽에 가서 호화롭게 여행했고 다양한 인맥을 쌓고 집으로 돌아왔습니다. 물론 예나 지금이나 잘 사는 남자애들이 문란하게 논 탓에 사생아들이 많이 생겼다는 후문이 있기도 하지요.

그렇게 여행을 다니다보니 이 점잖은 청년들은 콧바람이 잔뜩 들어가게 되었고 영국으로 돌아와서는 자신들의 유럽 여행에 대해 떠벌리며 외국물 먹은 티를 내고 싶어 안달이 나기 시작했죠. 여행 다녀온 것을 알리고 싶어 안달복달하다 보니 모든 것을 과장되게 입고 행동하기 시작했고 그렇게 18세기 영국 남자들의 아주 독특한 패션인 '마카로니

마카로니 패션(맨 왼쪽)과 당시 일반적인 남성들의 주류 패션.

패션'이 만들어지게 되었습니다. 마카로니 패션을 입은 청년들은 자신의 발보다 훨씬 긴 신발을 신고 거대한 버클을 달았고 옷은 아주 현란한 문양의 옷감으로 만든 것을 입었습니다. 재킷은 짧고 아주 타이트하게 딱 달라붙었으며 레이스와 프릴이 넘실넘실 풍성했고 리본은 잔뜩 달고 파우더를 아낌없이 뿌린 가발을 최대한 높고 높고 또 높고 더 높고 많이 높인 다음, 아주 자그마한 모자를 끄트머리에 살포시 얹어줘야 마카로니 패션이 완성되었습니다.

물론 이 정도로 충격적이게 입는 경우가 많지는 않았고 마카로니 패션이 18세기 영국의 주류 패션이 되지도 않았지만 이 마카로니 패션이 멋지다고 생각한 이들은 아주 푹 빠져 지냈습니다. 이렇게 입고 다니는 청년들의 패션이 '마카로니'라고 칭해졌던 이유는 당시 영국에는 마카로니라는 음식이 잘 알려져 있지 않았었는데 그랜드 투어 좀 다녀왔다 하는 애들은 자신들이 외국물 좀 먹었다는 티를 내고 싶어 특이하고 멋진 것을 보면 '마카로니스럽다'는 소리를 했기 때문이었습니다. 요즘도 외국에서 오래 살다온 사람들은 별말 안 하는데 오히려 외국 잠깐 다

마카로니 패션을 풍자한 그림. 아버지가 "아니 세상에, 이게 내 아들 톰이란 말이냐?" 하며 아들의 모자를 벗기고 있다.

녀오고 그 나라에 대해 다 아는 것처럼 떠들어대는 사람들이 참 많죠. 잘난 척을 너무나 하고 싶었던 이 젊은이들은 멋진 옷을 보면 "오우~ 마카로니 같은 걸!", 맛난 음식을 먹으면 "오우~ 마카로니 같은 걸!", 예쁜 여자를 봐도 "오우~ 마카로니 같은 걸(girl)!"이라고 외쳤습니다.

당연히 당시 사람들은 어처구니 없어 하며 비웃었기 때문에 마카로니 패션은 여러 풍자 만화에 등장하곤 했고 마카로니 패션이라는 말은 옷을 괴상하게 입는 사람을 놀리는 말이 되었습니다. 과거 유럽에서는 식민지인 미국에서 온 사람이나 미국 출신을 낮게 보았기 때문에 미국인들이 입는 옷은 촌스럽다고 놀리며 마카로니라고 칭하기도 했죠.

마카로니 패션은 한동안 유행했지만 워낙 그걸 비웃고 놀리는 사람이 많다보니 저절로 차츰 사라지게 되었습니다. 하지만 역사는 늘 그 흔적을 남기기에 오늘날에도 마카로니를 패션과 연관시키는 것은 미국이 독립 전쟁을 하기 전부터 불렸던 동요 「양키 두들」에서 찾아볼 수 있습니다. 우리나라에서는 '채를 감아 던지면 꼿꼿하게 서서~ 뱅글뱅글 뱅글뱅글 잘도 도는 팽이~'라는 가사의 「팽이치기」라는 동요로 잘 알려져 있죠.

  양키 두들이 마을로 왔네 Yankee Doodle came to town
  망아지를 타고 riding on a pony,
  그는 모자에 깃털을 꽂고는 He stuck a feather in his hat
  그걸 마카로니라고 불렀네 And called it a macaroni

허세 가득한 청년들의 개성 있는 옷차림이 우습다며 다들 비웃었지만 이처럼 톡톡 튀는 삶을 사랑하는 사람들이 있었기에 오늘날까지 패션 산업이 계속해서 발전하고 번성하는 것이겠죠?

15. 아픈 수술은 이제 그만!
- 놀이에서 마취제로, 무통 수술의 혁명을 일으킨 에테르의 재발견

역사 이야기를 쓰면서 가장 많이 들었던 말은 지금 시대에 태어나서 다행이라는 것이었습니다. 정말 요즘 세상은 신기할 만큼 편안하고 모든 것이 인간의 편의를 위해 맞춰져 있죠. 스마트폰의 터치스크린을 두드리기만 하면 강남이든 미국이든 심지어 우주에서도 소통할 수 있는 요즘, 불과 1, 2백 년 전만 해도 말을 전하기 위해선 글자 하나하나에 돈을 내야 하는 전보를 쳐야 했고 책 한 권 가격이 어마어마해 부자들만의 전유물이었던 것을 생각하면 세상은 참 많이 좋아졌지요. 이렇듯 발전한 세상에서 인류의 역사를 바꾼 수많은 발명품 중에 단연 열 손가락 안에 드는 것이 있으니 그것은 바로 마취제입니다. 그중 에테르는 처음으로 인간을 수술에 대한 공포에서 벗어나게 해준 마취제죠.

제대로 된 마취제가 없던 시절엔 어떤 일이 벌어졌을까요? 아주 먼고 대부터 19세기에 이르기까지 사람들은 병이 주는 고통보다 수술이 주

중세의 치과 치료 장면.

는 고통을 더 두려워하며 살았습니다. 마취제가 없는 상황이니 쇠나 나무나 천을 입에 넣고 물어뜯으며 고통을 참기도 하고 술을 엄청 먹여 정신없게 만든 후에 수술을 하는가 하면 뒤통수를 내리쳐 기절시킨 뒤 칼을 대기도 했습니다. 항생제도 제대로 없던 시절에는 괴사를 막기 위해 맨 정신에 팔다리를 절단하고, 곪는 것을 막기 위해 불로 지져버리는 일이 부지기수였으니 당연히 수술실(사실 수술실이라는 것도 따로 없이 부엌이나 방에서 그냥 했지요) 안은 환자의 비명 소리로 조용할 날이 없었죠.

초기에는 수도승들이 수술을 하곤 했으나 12세기에 '성직자들이 피를 묻히는 것은 바람직하지 않다'는 교황청의 칙령이 내림에 따라 성직자를 비롯한 고위 계층에서는 의학에 관심을 두지 않았습니다. 더군다나 왕족이나 귀족을 잘못 치료했다가는 목이 달아나는 일이 비일비재했으니 조금만 먹고 살 만하면 의사 따위(?)는 하려 하지 않았죠. 그렇기 때문에 수술을 하는 외과의사는 전혀 촉망받는 직업이 아니었습니다. 그나마 미신이 없어진 근세에도 의사가 할 수 있는 일은 고통에 몸부림치는 사람을 붙잡고 최대한 빨리 수술을 끝내는 것이었기 때문에 실수도 잦고 죽는 사람도 많았죠.

이들의 수술은 성공하면 지갑을 부풀릴 수 있었지만 실패하면 큰일이었다. 그럴 경우 최선의 방책은 몰래 줄행랑을 치는 것이었다. 불만을 품은 환자에 의해 참수를 당하거나 강에 내던져진 외과의들이 한둘이 아니었던 것 같다. 보헤미아의 왕 요한의 수술을 맡았던 외과의(요한 폰 룩셈부르크. 1337년 왕의 눈 수술에 실패한 외과의)의 말로는 슬펐다. 수술이 실패로 끝나자, 그는 아무런 소송 절차도 없이 그저 간단히 오데르 강에 내던져졌던 것이다. [주12]

12세기부터 성직자들의 머리와 수염을 깎아주던 이발사들은 성직자들에게 금지된 수술의 기술을 자신들이 행하기 시작하였습니다. 외과의사를 겸하게 된 이발사들은 이 동네 저 동네를 돌아다니며 이발도 하고 수술도 하고 이도 뽑아주고 사혈을 하기도 했죠. 이런 이발사들이 늘어나면서 대대손손 지식과 경험이 전해 내려왔고 전문의의 초기 형태도 생겨납니다. 어떤 이는 긴 바늘을 눈에 찔러 넣어 백내장을 고치는가 하면 이 치료를 전문으로 하는 이발사도 있었죠. 그래봤자 할 수 있는 거라고는 커다란 집게로 이를 뽑아내는 것뿐이었지만 말이죠. 가끔

앓는 이를 뽑고 있는 이발사와 구경꾼들. 남이 치료받는 모습을 구경하는 것은 처형 장면과 마찬가지로 커다란 구경거리였다.

멀쩡한 이를 잘못 뽑기도 하고요.

　병을 고치는 것인지 병을 만드는 것인지 모를 수준의 치료로 수많은 사람들을 고통에 몸부림치게 하면서 의학과 수술 방법은 조금씩 발전해 나갔습니다. 그 중심에는 이발사들이 있었죠. 요즘은 많이 없어졌지만 예전에 동네 이발소 벽에 달려 있던 빙글빙글 도는 파랑-빨강-하양의 사인볼은 이발사들이 의사 역할을 겸하던 시절에 만들어진 것으로 각각 정맥과 동맥, 붕대를 상징합니다.

　당시 수술에 대한 공포가 워낙 커서 수술을 받을 바에 죽고 말겠다며 자살하는 사람들도 있었으니 얼마나 무시무시했는지 가히 짐작이 됩니다. 그렇게 사람들이 고통에 몸부림치며 죽어가던 와중에, 건강한 젊은

1830년에 그려진 「잔소리 하는 부인을 위한 처방」이란 제목의 풍자화.

이들 사이에서는 '그렇게 좋은 것이 있다던데……!' 하며 흥미로운 파티가 자주 벌어집니다. 새로운 발견이 많이 일어났던 19세기, 사람들은 날이면 날마다 새로이 등장하는 놀라운 것들을 직접 사용해보며 즐거워했고 그중 하나가 가스를 흡입해보는 것이었습니다. 위 그림의 두 여성은 일명 웃음 가스라 불린 아산화질소를 들이마시고 있는 모습을 그린 것으로 그림 제목은 「잔소리하는 부인을 위한 처방」이랍니다.

그렇게 들이마시고 흥청망청 노는 데 쓰이는 파티용품 취급을 받았던 약물 가운데 하나는 에테르였습니다. 사람들은 무려 300년 이상이나 전부터 에테르의 존재를 알고 있었으나 그저 정신을 몽롱하게 만드는 약물로만 사용해 왔습니다.

사람들은 증기 형태의 에테르를 들이마시고는 시각과 청각이 몽롱해지는 감각을 즐기며 실실 웃으면서 비몽사몽인 채로 돌아다녔고 이리

저리 부딪히고 다쳐도 감각이 없었기 때문에 아무렇지도 않아 했습니다. 워낙 인기가 많아 사방팔방에서 에테르를 들이마시고 밤새도록 흥청망청 놀았죠. 심지어 사람들이 여러 종류의 가스를 마시고 정신줄을 놓는 모습을 구경하러 25센트의 관람료를 내기까지 했습니다. 일반적으로 엄격하고 예의를 철석같이 지켰다는 빅토리아 시대 사람들도 옆 사람이 해롱거리며 침을 흘리고 바보짓을 하는 것을 구경하며 즐거워했다니 사람은 다 똑같은가 봅니다. 가스를 흡입한 사람들은 비틀비틀거리고 까르르 폭소를 터뜨리기도 하고 칼에 베여도 전혀 아픈 줄 몰랐습니다.

1839년에는 심지어 청소년들까지 재미로 에테르를 사용하기 시작했죠. 에테르에 취해 놀던 아이들은 옆에서 구경하던 한 어린 흑인 노예에게 함께 하자고 청했습니다. 에테르에 취해 바보짓을 하는 것을 맨 정신으로 빤히 보고 있던 소년은 싫다고 거절했지만 약에 취한 애들한테 거절의 말이 들릴 리가 없었겠죠. 결국 아이들은 싫다는 노예 소년을 붙잡아 팔다리를 누른 후 억지로 에테르에 담갔던 축축한 천으로 코와 입을 막았습니다. 얼마 후 아이들이 "거 봐, 기분 좋지?" 하며 소년의 팔다리를 놓아주었지만 소년은 정신을 잃고 아무리 흔들어도 일어나지 않았습니다.

당황한 아이들은 자신들이 살인이라도 한 것이 아닐까 놀라 의사를 불러왔지만 노예 소년은 얼마 뒤 아주 멀쩡하게 정신을 차렸습니다. 그 이야기를 듣고 '오호라, 그래?' 한 의사가 있었으니 그의 이름은 크로포드 윌리엄슨 롱이었습니다. 사람들이 고통을 느끼지 않는 모습에 이걸 수술에 이용할 수 있겠다고 생각한 롱은 몇 차례의 실험 끝에 1842년

크로포드 윌리엄슨 롱(왼쪽)과 윌리엄 모튼.

에 한 환자의 목에 있는 종양 제거 수술을 성공적으로 마칩니다. 환자는 손톱만큼도 고통을 느끼지 않았습니다! 인류 역사상 최초의 무통 수술이었죠! 하지만 롱은 이 발견을 아무에게도 알리지 않고 혼자만 몰래 알고 있었죠.

4년 후인 1846년, 윌리엄 모튼이라는 의사가 에테르를 이용하여 목에 있는 종양 제거 수술을 성공하였을 때 그는 자신이 인류 역사에 한 획을 긋는 발견을 했다고 생각하였습니다. 롱과 달리 모튼은 자신의 성공을 온 세상에 자랑하고 싶어했고 그 덕분에 에테르의 효과는 온 세상에 널리널리 알려지게 되어 수많은 사람들이 고통을 두려워하지 않고 수술을 받을 수 있게 되었습니다. 즉 롱은 에테르의 효과를 발견하였고 모튼은 이를 퍼트린 셈이니 두 사람 다 의학의 발전에 큰 영향을 미쳤다고 볼 수 있겠지요.

비슷한 시기에 발견되었기 때문에 비록 누가 정확히 최초로 마취제

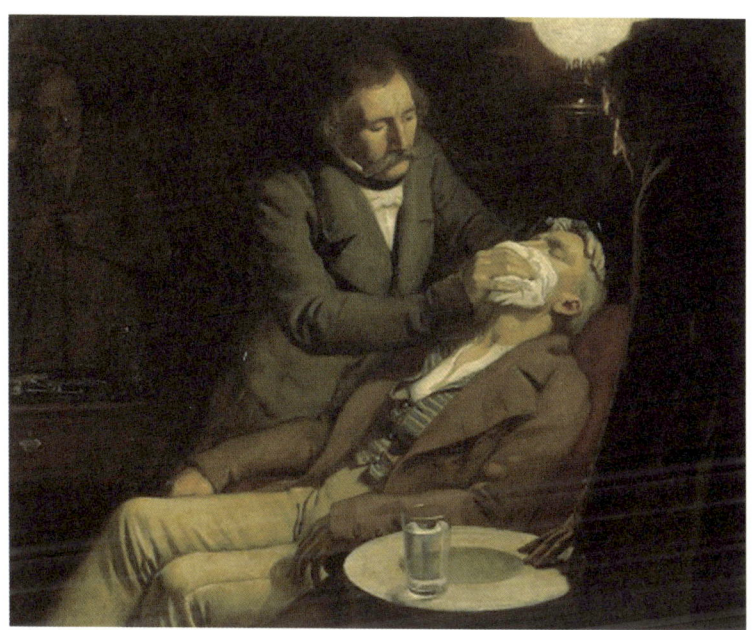

윌리엄 모튼이 에테르를 사용하여 목 종양 수술을 준비하는 모습.

를 수술에 이용했느냐 하는 논란이 있긴 하지만 어찌되었든 에테르는 그 이후 수많은 사람들을 고통에서 구제하였고 천천히 수술할 시간을 벌게 된 외과 의사들은 수술을 더욱 정성들여 할 수 있게 되어 의학은 눈부시게 발전하기 시작하였습니다. 에테르에 취해 해롱거리던 사람들은 그저 재미로 사용되던 것이 인류의 역사를 바꿔놓을 것이라고는 상상도 못했겠죠? 지금 우리 주변에도 우리가 모르고 있을 뿐, 어쩌면 세상을 싹 바꿔놓을 어떤 것이 있지 않을까요?

16. 고딕 소설의 밤
― 드라큘라와 프랑켄슈타인이 태어나기까지

　어슴푸레 달빛이 비추는 어두운 밤, 열린 창문 위로 새하얀 레이스 커튼이 흩날리고 잠이 든 아름다운 여인에게 검은 그림자가 다가오기 시작합니다. 이처럼 으스스한 분위기를 가득 담고 손에 땀을 쥐게 만드는 장르의 소설은 특히 초기에 중세적 분위기를 배경으로 18~19세기 초까지 매우 유행했는데요. 이를 고딕 문학이라고 부른답니다. 선정적이고 초자연적이며 비합리적이지만 매력적인 이 고딕 문학은 현재까지도 많이 발간되고 있습니다.

　친절하고 도발적인 뱀파이어, 자신의 존재 가치를 고민하는 괴물과 창조물의 모습에 고통스러워 하는 과학자에 이르기까지 지금 우리 곁에 자연스레 녹아 있는 고딕 문화는 문학사의 흐름을 바꾼 사흘간의 폭풍우에서 비롯되었습니다. 먼 옛날, 1816년 6월 어느 날, 당대에도 유명한 스타였던 바이런 경은 자신의 주치의와 함께 유럽 여기저기를 여행하다 제네바 호수 옆에 위치한 별장에 머물게 됩니다.

낭만주의의 대표적 시인이자 19세기의 꽃미남 바람둥이 시인 바이런은 '아침에 일어나보니 유명해졌더라(I awoke one morning and found myself famous)'라는 유명한 말을 남기기도 했습니다. 요즘으로 치자면 연예인과 같은 존재였죠. 빌라 디오다티라는 이름을 가진 별장에서 바이런은 낭만주의 시인 퍼시 비시 셸리, 작가 메리 울스톤크래프트 고드윈, 메리 고드윈의 이복동생인 클레어 클레어몬트, 그리고 자신의 주치의인 존 폴리도리와 함께 즐거운 여름 한때를 보냅니다.

폭풍우 치는 밤에 세기의 고딕 소설의 영감이 생겨난 곳, 빌라 디오다티의 모습.

해가 쨍쨍 내리쬐는 찬란하게 밝은 여름날을 생각하며 모였던 그들을 맞이한 건 사흘 내내 그칠 줄 모르고 쏟아지는 폭우였습니다. 밖에 나가지도 못하고 실내에서 할 일이 없어진 이들은 '할 일도 없는데 우리 무서운 얘기나 한 번 해볼까?' 하며 모여 앉았죠. 예나 지금이나 비 오고 어두운 날엔 역시 무서운 얘기죠! 괴테의 『파우스트』를 읽기도 하고 전해들은 괴담들을 이야기하던 이들은 남의 얘기만 듣는 것도 슬슬 지겨우니 각자 무섭고 재미난 이야기를 한 번 지어내보기로 합니다.

그렇게 비가 억수같이 쏟아지는 한여름 밤, 이들은 각자 멋지고 무서운 이야기들을 만들어내서 한 자리에 모입니다. 낭만주의를 대표하는 시인으로 유명한 바이런과 퍼시 비시 셸리도 괜찮은 단편을 만들어냈지만 사실 이 밤의 주인공은 바이런이 아닌, 메리 울스톤크래프트 고드윈과 존 폴리도리였습니다.

훗날 퍼시 비시 셸리와 결혼하게 되는 메리 울스톤크래프트 고드윈의 결혼 후 이름은 바로 메리 셸리. 이 폭우가 쏟아

메리 셸리, 존 폴리도리와 비오는 고딕 소설의 밤을 함께 한 시인 바이런.

지는 축축한 여름밤에 동료 작가들과의 이야기에서 영감을 받고 난 후 만들어낸 작품이 그 유명한 고딕 소설 「프랑켄슈타인」(1818)입니다. 메리 셸리가 자신이 만들어낸 생명체 때문에 고통스러워하는 의사에 관한 꿈을 꾸고 쓴 「프랑켄슈타인」은 시신의 여러 부위를 연결하여 거대한 인간을 만들고 생명을 불어넣은 프랑켄슈타인 박사와 그가 만든 괴물에 대한 이야기지요. 사실 프랑켄슈타인은 괴물을 만든 박사의 이름이고, 괴물은 이름이 없지만 영화에서 괴물을 프랑켄슈타인이라고 잘못 부르곤 했기 때문에 지금도 잘못 알고 있는 사람들이 많습니다.

1818년에 출간된 「프랑켄슈타인」은 1816년의 그 여름밤이 아니었다면 떠오르지 않았을 수도 있기에 메리 셸리도 자신의 책에 그날 밤의 일에 대해 적어두기도 했습니다.

'고딕 소설의 어머니' 메리 셸리의 1840년 무렵 모습. 빌라 디오다티의 여름밤으로부터 30여 년 후의 모습인 셈이다.

"축축하고 불친절한 여름이었다. 쉴새없는 비 탓에 우리는 집 안에서 몇 날 며칠을 갇혀 있어야 했다. 독일어에서 프랑스어로 번역된 무서운 이야기책 몇 권을 우리는 손에 넣었다. (중략) '우리가 각자 유령 이야기를 쓰는 거야.' 바이런 경의 말에 우리는 동의했다. 우린 네 명이었다. (중략) 나는 우리가 각자 유령 이야기를 써야겠다고 생각하도록 만들었던 책들에 대적할 만한 이야기를 생각해내려고 고심했다. 우리 마음속의 공포심을 자극할 만한, 뒤돌아보는 것을 두렵게 하고 피를 얼어붙게 만들고 심장을 빠르게 뛰게 할 만한 이야기. 만약 이를 이루지 못한다면 내 유령 이야기는 보잘것없는 것이 되리라." 주13

두 번째 주인공인 존 폴리도리는 누구일까요?

이날 밤 존 폴리도리는 흡혈귀에 굉장한 매력을 느꼈고 민담으로 전해내려오던 괴물, 흡혈귀에 대한 글을 쓰기 시작합니다. 물론 브램 스토커가 쓴 「드라큘라」(1897)가 훨씬 유명하며 우리에게도 친숙하지만, 사실 최초의 흡혈귀에 대한 소설을 쓴 작가는 존 폴리도리입니다. 그는 오늘날 우리가 일반적으로 생각하는 매력적인 신사이자 아름다운 뱀파이어 캐릭터의 창시자입니다. 심지어 늘 인간이 승리하던 예전 소설들과는 달리 뱀파이어가 다 이겨버리는 내용이었죠.

창백한 여인의 새하얀 목덜미에 부드럽게 키스하는 정장을 입은 지적이고 신비로운 귀족 분위기의 뱀파이어, 하면 드라큘라가 바로 떠올라버리는 것이 존 폴리도리는 억울하겠죠? 실제로는 브램 스토커가 존 폴리도리의 글을 읽고 매력을 느껴 「드라큘라」를 집필한 것이니 말이죠. 존 폴리도리가 집필한 소설 「뱀파이어 *The Vampyre*」(1819)는 당시 유명 스타였던 바이런 경의 이름을 달고 그야말로 날개 돋친 듯 팔려나갔고 이후 등장한 거의 모든 뱀파이어 소설, 영화, 드라마, 만화에 영향을 끼치고 있습니다.

오늘날 우리에게 익숙한 신비로운 신사 이미지를 가진 흡혈귀의 원작자 존 폴리도리.

사실 예전에 뱀파이어라 하면 의식 따위는 없는 괴물 중의 괴물, 거의 좀비 수준이었는데 그런 괴물을 아름답고 신비로운 신사로 바꿔 놓았으니 당시 아가씨들 소설 읽으면서 가슴깨나 콩닥거렸겠지요.

그날 밤이 고딕 문화에 미친 영향은 어마어마합니다. 우선 프랑켄슈타인과 뱀파이어는 지금도 전 세계에 가장 많이 알려진 공포물 캐릭터이며 공포, 환상 문학의 대표 작가이자 추리 소설의 선구자로 불리는 작가 에드거 앨런 포(1809~1849)가 어린 시절 즐겨 읽고 영감을 받은 작품이 바로 「프랑켄슈타인」입니다. 또한 「어셔 가의 몰락」과 「검은 고양이」로 유명한 에드거 앨런 포의 작품에서 영감을 받은 작가는 헤아릴 수 없을 정도로 많으며, 그중 우리 시대의 가장 대표적인 작가로는 「캐리」, 「샤이닝」, 「피의 삐에로」, 「미저리」, 「그린마일」 등 다양한 공포 소설을 집필하여 무려 3억 권 이상의 판매고를 자랑하는 스티븐 킹이 있습니다.

며칠 동안의 폭풍우가 문학사의 흐름을 바꾸고 오늘날까지 영향을 미치면서 역사 속에 커다란 한 획을 긋는 것을 보면 역사의 나비 효과를 느낄 수 있습니다. 만약 그날이 화창하게 갠 날이었고 이들이 즐겁게 소풍을 떠났더라면 영화와 책으로 유명한 「트와일라잇」, 톰 크루즈와 브래드 피트의 젊은 시절이 인상깊은 「뱀파이어와의 인터뷰」, 공포 영화의 기초를 닦았다는 평가를 듣는 「프랑켄슈타인」, 그리고 추억의 1990년대 만화 영화인 「두치와 뿌꾸」도 존재하지 않았을 것이고, 우리는 여전히 좀비 같은 뱀파이어나 보고 있었겠지요.

17. 또 하나의 '다이애나비'
— 오스트리아의 마지막 황후 엘리자베트의 삶과 비극적인 죽음

이번 이야기는 참으로 아름다웠으나 비극적인 삶을 살아 '오스트리아의 다이애나비'라고 일컬어지는 엘리자베트 황후 이야기입니다. 그녀는 애칭으로 시씨, 씨씨 등으로 불렸습니다.

1권에 나오는 '동화를 사랑한 왕' 루트비히 1세가 다스렸던 바이에른 왕국에서 있었던 일입니다. 200쪽의 어여쁜 아가씨는 바이에른 왕국의 공주였던 루도비카 공주님이랍니다. 바이에른 공작 막시밀리안 1세와 그의 두 번째 부인이었던 캐롤라인 사이에서 태어났지요. 루도비카 공주는 어느 먼 나라 왕자나 왕과 결혼할 것이라는 예상을 깨고 사촌이자 바이에른 공작의 아들인 막시밀리안 요제프(훗날 바이에른 공작)에게 시집을 갑니다. 아빠와 이름이 같은 남편이라니! 1828년에 결혼한 이 동갑내기 부부는 무려 10명의 아이들을 낳았답니다. 금슬이 참으로 좋았던 부부네요. 10명의 아이들 가운데 넷째로 훗날 오스트리아 황후이자

엘리자베트의 어머니 루도비카 공주와 아버지 막시밀리안 요제프 공작. 글자 그대로 그림 같은 한 쌍이다.

헝가리 왕비가 된 엘리자베트 아멜리 유진(1837~1898)이 태어납니다.

엘리자베트와 9명의 형제들은 북적북적한 삶을 살았는데요. 성이 굉장히 커서 놀 곳은 많았으나 함께 놀 사람들이 형제밖에 없어 엘리자베트는 제대로 된 친구 관계를 쌓지 못했습니다. 어머니는 아이들에게 무척 엄격했고 아버지는 굉장히 독특한 사람이었습니다.

아버지인 막시밀리안 공작은 일을 하기 싫어서 시골로 도망가기도 했고 서커스를 너무나도 좋아해서 서커스를 보러 먼 곳까지 돌아다니기도 했답니다. 아버지가 서커스를 무척 즐긴 이유 중 하나는 동물들을 굉장히 좋아했기 때문이었는데 이에 영향을 받은 엘리자베트 역시 평생 동물을 매우 아꼈습니다.

엘리자베트 아멜리 유진.

어머니는 엄격했지만, 귀족 여인들이 육아에 그다지 신경을 쓰지 않았던 것이 당시 관례였으므로 엘리자베트와 형제들은 풀밭에서 뒹굴고 진흙탕에서 장난치며 말을 타고 숲을 탐험하는 등, 엄청난 개구쟁이로 자랐습니다. 덕분에 엘리자베트는 말을 무척 아끼고 승마를 사랑하는 여성이 되었습니다.

당시 어머니 루도비카는 말괄량이 엘리자베트보다는 얌전하고 조신한, 엘리자베트보다 3살 위인 언니 헬렌을 무척이나 아꼈고 부모님의 사랑을 갈구했던 엘리자베트는 아버지의 귀염둥이가 되었습니다. 아버지를 너무나 좋아했던 엘리자베트는 아버지 흉내 내는 것을 즐겼고 위에서 말했듯 동물들을 무척 좋아해서 토끼, 양, 햄스터, 기니피그, 개, 카나리아 등을 함께 길렀습니다. 떼어낼 수 없는 부녀 사이였던 두 사람은 함께 시와 문학, 예술에 대해 토론하고 밤낮으로 같이 승마를 하기도 했지요.

아버지의 영향을 받아 엘리자베트는 자신의 감성을 쏟아부어 시를 쓰곤 했는데, 이로 인해 첫사랑이 산산조각난 일이 있었습니다. 가족이 사는 성에 자주 들르는 백작을 보고 앳된 첫사랑에 빠진 엘리자베트는 그를 향한 애타는 마음을 시로 몰래 고백하여 공책에 기록해 두었습니다. 그러나 예나 지금이나 이런 공책들은 어머니께 발견이 되었고 어머니는 그 뒤로 백작이 성에 오는 것을 금지시켜서 엘리자베트는 두 번 다시 그를 만날 수 없었다고 합니다.

엘리자베트가 16살이었을 때, 루도비카는 자매인 조피에게서 편지를 받습니다. 오스트리아 황제 프란츠 요제프(1830~1916, 재위 오스트리아 제국 1848~1867, 오스트리아-헝가리 제국 1867~1916)의 매우 깐깐한 어머니였던 조피는 슬슬 며느리를 맞아들일 생각을 하고 있었습니다. 아들에게 너무나 집착한 것으로 유명한 조피는 아무나 집안으로 들일 수는 없다고 생각하여 자신의 조카들을 며느릿감으로 생각하고 있었습니다.

그러던 중 엘리자베트의 언니인 헬렌이 얼마나 얌전하고 조신하고 정숙하고 독실한 젊은 숙녀인지를 기억한 조피는 루도비카에게 편지를 보내 헬렌을 며느리로 맞아들이고 싶다고 합니다.

그렇게 이야기가 오가고 조피는 헬렌을 자신의 성으로 불렀습니다. 그러자 루도비카는 엘리자베트도 좋은 오스트리아 왕족에게 시집보낼 생각으로 엘리자베트를 데리고 헬렌과 함께 오스트리아로 떠납니다. 그곳에 도착한 엘리자베트와 헬렌은 이모인 조피를 만나고 헬렌은 프란츠 요제프 황제를 만나게 됩니다. 프란츠는 헬렌을 보고 꽤나 마음에 들어 했지만 그날 저녁 식사 자리에서 바로 옆에 앉은 헬렌에게서 눈을 떼고 멀찍이 앉아 있던 엘리자베트를 봅니다. 헬렌과 함께 다니면서도 엘리자베트에게 눈이 계속 갔던 프란츠 요제프는 며칠 후 저녁 파티에서 엘리자베트에게 춤을 청하고 엘리자베트에게 홀랑 빠져듭니다.

얼마 되지 않아 프란츠 요제프가 어머니 조피에게 자신은 엘리자베트와 결혼하지 못하면 아예 결혼을 안 하겠다고 했다는 이야기가 퍼지

엘리자베트에게 첫눈에 반했던 프란츠 요제프.

고 프란츠는 엘리자베트를 데리고 여기저기 데이트를 다니기 시작했습니다. 승마를 즐기고 잔디 위에서 뒹굴며 놀던 애가 아닌 조신하고 얌전한 숙녀를 원했던 조피는 엘리자베트를 그리 탐탁지 않게 여겼고, 루도비카 역시 아직 결혼할 준비가 안 된 엘리자베트가 오스트리아 황후가 되는 것을 염려했습니다. 그러나 결국 엘리자베트는 차기 황후로 선택되어 집으로 돌아와서는 황후가 되기 위한 수업을 시작했습니다. 동생에게 남자를, 그것도 심지어 황제를 빼앗긴 헬렌이 우울해 한 것은 당연한 일이었지요.

헬렌은 당시 기준으로 노처녀인 22살까지 결혼을 하지 못하다가 헬렌이 수녀원에라도 들어갈까 염려한 어머니가 백방으로 애를 써서 투른탁시스 가문의 왕자 막시밀리안과 결혼하게 됩니다. 막시밀리안이라는 이름이 큰 인기를 끌었던 시절이었나 봅니다. 둘 다 왕가이기는 했으나 투른탁시스 가문은 유럽의 우편업을 담당하던 가문으로 바이에른의 왕가보다는 지위가 낮았기 때문에 바이에른의 왕은 둘의 결혼을 탐탁지 않게 여겼지만 자기 때문에 상처받았을 언니를 위해 좋은 혼처를 마련해주고 싶어했던 엘리자베트의 입김으로 상황은 순조롭게 진행됩니다. 막시밀리안과 결혼한 헬렌은 다섯 자매 가운데 가장 행복한 결혼 생활을 했다고 하며, 투른탁시스 가문은 오늘날에도 여전히 위용을 과시하고 있습니다.

  엘리자베트가 자기 자신을 벌집으로 묘사할 정도로 수많은 사람들이 그녀를 에워싸기 시작했습니다. 그녀에게 궁정 예절을 가르치고, 오스트리아 말을 가르치고, 만나게 될 사람들의 서열과 가문들에 대해 가르치는 선생들, 보석상, 의상 제작자, 화가들부터 미래의 오스트리아 황후에게 잘 보이려는 사람들로 엘리자베트가 살아온 고요한 성은 시끌벅적해졌습니다. 프란츠는 엘리자베트와 떨어져 있던 기간 내내 줄기차게 러브레터를 보냈고 크리스마스 즈음에는 엘리자베트를 보러 오기도 했습니다. 엘리자베트는 사랑받는 여자로서 볼을 발그레하게 물들인 채로 열심히 수업을 들었고 새로운 곳으로 떠나기 위해 짐을 챙겼습니다. 가져간 드레스만 무려 358벌이나 되었다고 합니다.

  엘리자베트와 프란츠는 1854년 4월 24일에 성대한 결혼식을 올렸습니다. 하지만 동화처럼 낭만적으로 시작된 그들의 결혼 생활은 점차 불행의 늪으로 빠져들게 됩니다. 아들에게 지독하게 집착한 조피는 감정

엘리자베트의 깐깐한 시어머니 조피.

적이고, 낭만적인 것을 좋아하고 가족 외의 사람들 앞에선 부끄러움이 많았던 엘리자베트에게 지나치게 독한 시어머니가 되었고 합스부르크 왕가 특유의 절제되고 딱딱한 궁정 예절은 씨씨라는 애칭으로 불리며 귀여움을 받던 친가에서의 생활과는 모든 것이 달랐습니다. 끔찍한 시집살이가 시작되었던 것이죠. 프란츠는 엘리자베트를 무척 사랑했지만 그의 사랑은 어머니 앞에서는 폭풍 앞의 촛불이었습니다. 조피는 자신의 아들에게 하듯 엘리자베트의 모든 행동 하나하나를 감시 감독했으며 부부의 잠자리 문제까지도 일일이 참견했다는 후문이 있습니다. 그러자 엘리자베트는 결혼한 지 몇 주도 지나지 않아 자주 아프고 기침을 했으며 좁은 계단만 보면 계단 공포증에 시달렸습니다.

엘리자베트는 결혼한 지 딱 열 달 만에 딸 조피를 낳았습니다. 조피는 손녀인 조피를 엘리자베트가 건드리지도 못하게 하고 엘리자베트를 "어리석은 어린 엄마"라면서 모유 수유를 하고 싶다는 엘리자베트의 청은 들은 척도 하지 않고 자신의 이름을 따서 손녀의 이름을 지어주며 혼자 끼고 돌았습니다. 어린 조피는 엄마 품에 포근히 안겨보지도 못한 채로 2년 만에 세상을 떠나고 맙니다. 1년 뒤 기셀라(1856~1932)라는 이름의 딸이 또 태어나자 그 아이 역시 자기 마음대로 이름을 짓더니 냉큼 엘리자베트의 품에서 앗아가 버렸지요.

딸을 둘 낳은 엘리자베트는 어느 날 자신의 방에서 쪽지를 발견합니다. 거기에는 다음과 같이 적혀 있었는데요.

"왕비의 자연적 운명은 후계자를 생산하는 것이다. 만약 왕비가 왕자를 낳는 행운을 누린다면 그것이 그녀의 야망의 끝이어야 할 것이다. 정치는 여자가 신경 쓸 일이 아니므로 제국의 정치에는 관여하지 말아야 할 것이다. 만약 왕비가 아들을 낳지 못한다면 그녀는 그저 제국에 있는 외국인일 뿐이며 그것도 매우 위험한 외국인이 아닐 수 없다. (아들 없이) 이곳에서 친절함을 기대할 수는 없으므로, 그리고 언제든 자신의 친정으로 쫓겨날 수 있으므로 황제에게 다른 방식으로 다가가려 할 것이기 때문이다. 왕비는 자리와 권력을 유지하기 위해 황제와 국민, 그리고 제국에 논란을 불러일으킬 것이다." 주14

어처구니없는 쪽지죠. 대부분의 사람들은 이 쪽지가 시어머니인 조피가 쓴 것이라고 보고 있답니다. 시집온 지 고작 2년 된 며느리에게 보낸 쪽지라기엔 단 한 줌의 애정도 없는 것이 느껴집니다. 그 이유는 당시 프란츠에게 헝가리와 이탈리아의 외교 문제에 관해 몇 마디 조언을 했다는 것이었죠.

이 외교 문제 때문에 엘리자베트는 남편과 아이들과 함께 헝가리를 방문하게 됩니다. 그때 엘리자베트는 헝가리에 큰 매력을 느끼고 자신을 열렬히 환영해주는 헝가리 사람들을 보고 사랑에 빠집니다. 그러나 두 딸이 헝가리에서 병을 얻어 설사를 해댑니다. 의사들이 매달려 치료했으나 금세 회복한 기셀라와는 달리 조피는

기셀라 루이스 마리.

사망하고 맙니다. 아마도 장티푸스였으리라 추측됩니다.

큰딸의 죽음은 이미 엄청난 시집살이 스트레스에 시달리며 우울증을 겪고 있던 엘리자베트를 더욱 깊은 수렁에 빠뜨리고 엘리자베트는 기셀라에게 신경을 쓰지 않기 시작합니다. 참 안타까운 일이죠. 기셀라는 고작 1살이었는데 영원히 둘의 관계가 깨져버리게 되었으니까요. 엘리자베트는 점차 깊은 우울증에 빠지기 시작합니다. 애초에 근친혼으로 이어져 내려온 가문 중 하나였기 때문에 정신이 불안정한 것도 있었으나 시집살이의 스트레스와 큰딸의 죽음이 그 방아쇠를 당기게 된 것이었죠.

이때부터 엘리자베트 황후의 유명한 미모 관리가 시작됩니다. 엘리자베트는 아직 어렸고 자아를 확립하지 못한 시기였습니다. 그러나 어머니라는 자아를 만들어내기에는 아이를 낳는 족족 시어머니에게 뺏기고 황후라는 자아를 만들기에는 정치에 발가락 끝만 담가도 시어머니가 불같이 화를 냈으니 엘리자베트는 갈 곳이 없었습니다. 하지만 모든 사람들이 칭송한 것이 있었으니 그것은 그녀의 미모였고, 엘리자베트는 자신의 미모에 집착하기 시작했습니다.

엘리자베트는 키가 상당히 커서 172센티미터였습니다. 요즘도 큰 키인데 당시에는 상당히 큰 키로, 남편인 프란츠보다 2센티미터 정도 더 컸다고 합니다. 그런데도 엘리자베트는 네 번이나 임신하고도 죽을 때까지 몸무게 50킬로그램을 유지했습니다. 그녀는 자신의 허리가 20인치가 넘는 꼴을 보지 못해, 임신 때를 제외하고는 늘 꽉 끼는 코르셋을 입고 다녔습니다.

첫째딸 조피의 죽음 이후 한동안 거의 굶다시피 했던 엘리자베트는

26살의 엘리자베트 황후.

그 후로 자신의 몸무게가 50킬로그램에 가까워질 때마다 거의 완전한 단식을 했습니다. 가족들과의 식사는 거의 하지 않았고 같이 먹는 경우에도 매우 적게 먹거나 오렌지 같은 과일만 몇 조각 먹고 육즙만 짜먹었습니다. 지금 보면 거식증에 가까웠던 엘리자베트의 음식에 대한 거부 반응은 갈수록 심해져서 고기는 쳐다보지도 못했고 식사로 고기를 으깨어 짜낸 맑은 육즙만 마시거나 우유와 달걀만 먹곤 했습니다. 이러한

훗날 씨씨의 가족 사진. 파란 옷을 입은 사람이 프란츠, 맨 왼쪽이 씨씨, 맨 오른쪽이 기셀라, 가운데 까만 옷을 입은 사람이 아들 루돌프, 씨씨와 함께 있는 아이는 막내딸 마리 발레리. 가운데 아이 둘은 기셀라의 두 아이인 엘리자베트 공주와 어거스테 공주, 맨 오른쪽 남자는 기셀라의 남편인 레오폴트 왕자(기셀라와는 이종사촌).

엘리자베트의 증상이 가장 심해졌을 때는 1860년으로 남편과 부부 관계도 좋지 않고, 시어머니가 아이들을 보지도 못하게 하는 스트레스에 시달렸을 때였습니다. 심지어 나라 정치 상황도 이탈리아와 아주 안 좋게 돌아가고 있었지요. 그때 엘리자베트의 허리는 16인치였습니다.

당시 코르셋은 몸의 앞쪽에서 버튼과 후크를 이용해서 채우는 것으로 간편하게 개량화되어 있었는데, 그런 코르셋들은 엘리자베트가 원하는 만큼 꽉꽉 졸라매지지 않았고, 결국 엘리자베트는 뒤쪽에서 끈을 잡아당기는 전통적인 코르셋을 프랑스에서 공수해왔습니다.

엘리자베트는 점차 뚱뚱함에 대한 혐오감을 키워나갔고 그런 그녀의 생각은 그녀의 딸에게도 전파되었습니다. 그 덕분에 풍만함이 매력인 영국의 빅토리아 여왕을 만났을 때 아이가 기절할 듯 놀랐다고 해요. 엘리자베트는 자신의 몸매를 드러내기 위해 당시 유행하던 옆과 뒤로 풍성하게 퍼지는 치마를 버리고 늘씬해보이고 심플한 드레스를 입기 시

헝가리의 왕비가 된 엘리자베트 황후의 사진(1867).

작했고 곧 유행의 선두 주자가 되었습니다. 살을 더 빼기 위해서 운동에도 많은 힘을 쏟았습니다. 궁전의 홀 하나를 거울로 뒤덮고 체조와 운동을 하며 자신의 움직임을 관찰했고 늘 승마를 하고 나이가 더 들어서는 펜싱도 했습니다. 산책도 숙녀들이 하는 '바람 좀 쐬어볼까' 정도가 아니라 등산을 하며 땀을 뺐지요. 엘리자베트의 미모와 날씬한 몸매는 칭송을 받았으나 시어머니는 그런 그녀가 매우 마음에 들지 않았습니다. 손자를 순풍순풍 낳지는 못할망정 애를 가져야 할 허리를 꽉꽉 졸라매고 있으니 짜증이 난 것이었죠.

말년에는 몸무게가 늘어나는 것을 더더욱 경계하여 사우나에서 몇 시간이고 앉아 땀을 빼고 늘 굶나가 간혹 폭식을 하기도 했으며(폭식을 할 때는 샴페인, 닭 한 마리, 케이크, 이탈리안 샐러드 등을 엄청나게 먹었다고 하네요) 끊임없이 운동을 했습니다. 저러다가 죽겠다 싶을 정도였죠. 그래서 엘리자베트는 죽는 날까지 19와 1/2인치(49.53센티미터)의 허리 사이즈를 유지했고 죽기 4년 전에는 몸무게가 43.5킬로그램 정도였지요.

엘리자베트는 미모를 가꾸는 데에도 엄청난 신경을 썼는데요, 이때 정말 특이한 미용법들이 만들어졌습니다. 무릎까지 내려오는 긴 머리는 그것을 가꾸는 데만 매일 3시간을 소비했다고 합니다. 그녀의 머리를 만지고 꼬아올리고 핀을 꽂는 역을 맡았던 시녀는 엘리자베트가 어딜 가든 남편보다 더 가까이 붙어 다녔습니다. 머리카락이 빠지면 모두 모아서 은쟁반에 담아야 했으며 머리카락은 2주마다 한 번씩 달걀과 코냑을 섞은 팩을 해주고 나이가 들어서는 흰 머리가 늘어나자 모두 뽑아내다가 결국 눈물을 머금고 뽑는 것을 포기했습니다. 요즘 여성들처럼 민낯을 가꾸는 것에 관심을 기울였던 엘리자베트는 화장을 하지 않아도 자신의 미모가 돋보이도록 하기 위해 여러 종류의 마사지와 팩을 했습니다. 올리브 오일로 목욕을 하고, 딸기를 으깨서 얼굴에 바르거나 송아지 가죽을 덮어쓰고 잔 것은 기본이었고요. 똑바른 자세를 위해 베개도 베지 않았고 피부를 보호하고 지방을 제거하기 위해 제비꽃을 식초에 담근 물에 적신 천을 몸에 감고 자기도 했다고 합니다.

그 덕분인지 엘리자베트의 미모는 전 유럽에 명성이 자자했습니다. 엘리자베트는 자신의 명성을 유지하기 위해서 32살 이후로는 자신의 사진을 찍거나 초상화를 그리는 것을 금했습니다.

엘리자베트가 자유로운 영혼의 소유자로 문학을 즐기고 역사와 철학

자랑거리였던 아름다운 긴 머리를 늘어뜨린 씨씨 황후(1864).

에 관심이 많으며 독서와 글쓰기를 좋아한 반면, 남편인 프란츠는 어머니에게 휘둘리고 엄격한 궁정 생활을 따랐습니다. 프란츠는 엘리자베트를 너무나 사랑했지만 어머니로부터 그녀를 제대로 지키지 못했죠.

그래서 엘리자베트는 남편에게도, 궁정 생활에도, 아이들에게서도 점차 멀어져 갔고 자신만의 세계로 빠져들었습니다. 아무리 프란츠가 엘리자베트에게 가족과 함께 있자고 해도 요지부동이었죠. 가족이란 그녀와 남편과 아이들만이 아닌 시어머니의 괴롭힘을 뜻하는 것이었으니까요.

낭만적이고 글쓰는 것을 좋아했던 엘리자베트는 스스로를 '티타니아(셰익스피어의 희극 「한여름 밤의 꿈」에 나오는 요정 여왕)'라고 부르면서 시를 많이 썼습니다. 사촌이자 1권에 등장했던 바이에른의 왕 루트비히 2세 역시 동화를 좋아했던 것으로 보아 이 집안에는 문학가의 피가 흐르나 봅니다.

결혼한 지 4년 뒤, 드디어 온 국민이 기다리고 기다리던 왕자 루돌프(1858~1889)가 태어납니다. 그러나 이번에도 역시 아들을 키우는 데에 그녀가 관여하는 것이 허락되지 않습니다.

엘리자베트의 건강은 점차 악화되어 끊임없이 기침을 하고 고열과 불면증에 시달렸으며 어지럼증을 호소했습니다. 물론 밥도 잘 안 먹고 운동도 지나치게 많이 하기는 했지만 그녀가 그토록 아팠던 데에는 심리적인 요인이 많이 작용하였습니다. 아프다는 이유로 궁을 떠나 다른 곳으로 가서 휴식을 취하면 거의 곧바로 나았고 돌아오면 2, 3일도 되지 않아 다시 열이 오르고 기침을 했으니까요. 심지어 한번은 요양차 가 있던 곳에서 너무나 편안하고 건강했는데, 남편의 생일을 맞아 궁으로 돌아오자 끊임없이 구토를 하기도 했습니다. 그러니 그녀가 얼마나 많은 스트레스를 받고 살았는지 짐작할 수 있습니다.

프란츠는 루돌프가 있었지만 아들을 하나 더 낳고 싶어 합니다. 하나

청순한 아름다움을 가졌던 엘리자베트 황후. 순탄하지 않은 삶을 살았기에 왠지 처연해 보인다.

가 더 있어야 왕위를 확실히 할 수 있다는 생각에서였지요. 그러나 엘리자베트는 아이를 뱃속에 품고 있을 때만 데리고 있을 수 있었고 낳는 순간 빼앗겨 버리니 "내가 번식용 말인가요?" 하며 저항합니다. 더불어서 시어머니 조피에게도 분노를 표출하기 시작하지요. 그런 엄마의 마음을 아는지 루돌프는 엄마를 닮아 궁정 생활에 적응하지 못하고 감성적인 아이로 자라납니다.

자신이 집을 떠나 있어야만 아프지 않다는 것을 깨달은 엘리자베트는 이곳저곳을 돌아다니며 살게 됩니다. 궁으로는 거의 돌아오지 않았고 남편과의 관계도 지속적으로 나빠졌죠. 마지막으로 딸을 낳은 엘리자베트는 거의 궁으로 돌아오지 않고 헝가리와 이곳저곳을 돌아다니기 시작했습니다. 1872년에 시어머니 조피가 드디어(?) 죽고 난 뒤에도 엘리자베트는 집으로 돌아오지 않습니다. 계속 집안 문제 등을 회피하며 해외로 여행을 다니지요. 그래서 오늘날에는 이렇게 도피성 여행을 다니는 것을 '씨씨 신드롬'이라고 부릅니다. 엘리자베트가 얼마나 결혼생활을 끔찍하게 여겼는지는 막내딸 마리 발레리에게 한 말을 통해서도 알 수 있습니다. "결혼이란 아무 것도 모르는 15살의 나이에 팔려가 이해하지도 못하는 말들을 맹세하고 그 후 30년간 후회하며 사는 것이다." 그녀가 얼마나 자신의 삶을 후회하고 슬퍼했는지 알 수 있는 대목이지요.

얼마 후, 프란츠는 카타리나 슈라트라는 여배우와 바람을 피우기 시작합니다. 프란츠와 카타리나는 극장에서 만났는데요. 카타리나는 당시 뛰어난 배우로 유명했답니다. 훌륭한 집안의 아가씨라 배우가 되겠다는 것을 탐탁지 않게 여긴 부모님께서 카타리나를 수녀원으로 보냈지만 수녀들이 카타리나의 재능을 높게 사서 연기를 할 수 있도록 도와주었다고 해요. 카타리나는 사치스러운 삶에 익숙해져서 남편과 함께 많은 빚을 졌습니다. 그러나 빚이 있는 배우는 빈의 왕립극장에서 일할 수가 없었고 그런 이야기를 전해들은 프란츠는 카타리나의 연기력을 높이 사서 빚을 탕감해줍니다.

그렇게 카타리나는 프란츠와 매우 가까워져서 엘리자베트가 하지 못한 아내 역할을 거의 다 해냅니다. 그래서 카타리나는 '숨겨진 오스트리아의 황후'라고도 불리지요. 프란츠의 고민과 삶에 대해 들어주고 대화하고 정치 이야기를 나누고 위로도 해주었죠. 엄격한 가톨릭 집안에서 자란 카타리나는 엘리자베트를 매우 어려워했습니다. 정부(情婦) 입장에서 어려운 건 당연하겠지만요. 그런데 둘의 관계를 알게 된 엘리자베트가 전혀 괘념치 않자 카타리나는 처음에 무척 당황했다고 해요. 카타리나와 프란츠는 대외적으로는 성적인 관계가 아니었

'숨겨진 오스트리아의 황후'라고 불렸던 카타리나 슈라트. 프란츠가 사망한 후 출판사들이 자서전을 써달라며 쫓아다녔지만 카타리나는 자신은 작가가 아니라며 끝까지 거절했다고 한다.

다고 알려져 있습니다만 둘의 관계는 무려 34년 동안, 즉 프란츠가 사망할 때까지 계속되었습니다.

1888년부터 1892년까지는 엘리자베트에게 비극적인 시기가 됩니다. 1888년 사랑하는 아버지의 죽음을 시작으로 1889년에는 장남 루돌프가 서른 살에 권총으로 동반 자살을 합니다. 결혼해서 아내도 있었지만 마지막 가는 길에는 17살 난 연인 마리 남작 부인이 함께했습니다. 루돌프의 비극적인 죽음으로 인해 엘리자베트와 프란츠의 관계는 완전히 끝장이 납니다.

여기서 제1차 세계대전의 서막이 오르는 역사의 나비 효과가 일어납니다. 딸 하나를 두고 부인과 관계가 점차 멀어지면서 17살짜리와 바람

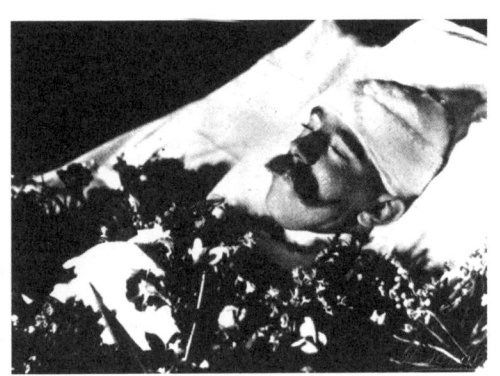

루돌프의 사망. 머리에 총을 쏘았기 때문에 상처를 가리기 위해 머리를 붕대로 감쌀 수밖에 없었다고 한다.

이 나서 동반 자살한 루돌프. 그는 슬픔에 빠져 눈물을 흘리며 자살했겠지만 그가 죽음으로써 오스트리아와 헝가리, 두 국가는 후계자가 순식간에 사라지고 맙니다. 그로 인해 프란츠 요제프의 동생인 칼 루트비히가 계승권을 주장하게 됩니다. 하지만 그는 곧 자신이 왕이 되겠다고 주장하는 대신에 자신의 아들인 프란츠 페르디난트를 후계자로 임명합니다. 그리고 이 프란츠 페르디난트가 1914년 7월 28일, 세르비아 청년에게 공개적으로 암살을 당하면서 제1차 세계대전의 막이 오릅니다.

왜 갑자기 세르비아 청년이 오스트리아-헝가리의 황태자 부부를 암살했을까요? 발칸 반도에 살고 있던 세르비아 사람들은 민족 운동을 벌이고 있었습니다. 세르비아 사람들은 같은 민족이 함께 살아야 한다며 모두 모여 큰 하나의 국가를 건설하자고 주장하고 있었죠. 발칸 반도에도 영향력을 뻗치고 싶어 했던 러시아는 좋은 생각이라며 세르비아 편을 들었지만 오스트리아-헝가리는 그런 생각이 영 마음에 들지 않았습니다. 그러던 와중에 세르비아인들이 원했던 보스니아를 오스트리아-헝가리가 합병해버리면서 세르비아인들의 분노가 폭발하였고 이것이 황태자 부부 암살로 이어지게 된 것이었습니다. 그렇잖아도 밑에서 깝죽대는 세르비아인들이 신경 쓰였던 오스트리아-헝가리는 전쟁의 가장 중요한 조건인 '명분'이 생기자마자 아주 혼쭐을 내줄 생각으로 세르비아에 선전포고를 합니다. 그런데 러시아가 세르비아를 지원한다고 하네요? 오스트리아-헝가리 혼자 러시아를 막긴 어려우니 독일 제국에 도움을 요청하고 독일 제국은 식민지도 얻을 겸 뛰어듭니다.

이런 식으로 명분상으로는 민족적 이념 때문이지만 사실상 땅따먹기 싸움에 전 유럽이 전쟁에 휘말리게 되었는데 현대식 무기의 도입으로 인해 엄청난 사상자를 냈고 이를 피하기 위해 참호를 파고 그 안에서 대치하는 일이 잦아지면서 1914년부터 1918년까지, 무려 4년 동안 전쟁을 하게 됩니다. 이 전쟁에서 패전국들은 쪽박을 차고 승전국들과 투자자들은 부른 배를 두드리며 제1차 세계대전을 끝마치게 되지요.

다시 엘리자베트 황후 얘기로 돌아가서 1890년, 아들의 죽음에 비통해 하고 있는 엘리자베트에게 이번에는 언니 헬렌의 사망 소식이 날아옵니다. 그리고 2년도 채 되지 않아 어머니 루도비카가 사망합니다. 엘리자베트는 완전히 슬픔에 잠긴 채로 끊임없이 여행을 하기 시작합니다. 이제 주름이 깊게 패인 얼굴은 부채로 가리고 여전히 허리는 코르셋으로 꽉꽉 졸라맨 채로 말이죠. 당시 엘리자베트는 이집트, 몰타, 모로코, 터키, 알제리 등까지 갔다고 합니다.

루돌프의 죽음으로부터 9년이 흘렀을 때, 엘리자베트는 이제 60살이 되어 있었습니다. 스위스에 도착한 엘리자베트는 이미 여러 차례 암살 위협을 받았음에도 불구하고 사람들을 줄줄이 달고 다니는 것이 싫다며 사람들을 모두 물렸습니다. 1898년 9월 10일, 그녀가 백작부인 한 사람만 데리고 길을 걷고 있었을 때, 25살의 이탈리아 청년이 다가와 예리한 10센티미터 칼로 엘리자베트를 찔렀습니다. 자신이 찔렸다는 것을 알아채지 못한 채로 엘리자베트는 그 자리에서 쓰러졌습니다. 그러자 지나가던 사람들이 다가와 부축해주었고 두 사람은 약 100미터 정도를 더 걸어가서 유람선에 올라탄 뒤에 다시 쓰러졌습니다. 당시에는 더운 날이면 코르셋을 입은 여성이

왼쪽이 엘리자베트 황후. 사망하기 하루 전에 찍힌 사진이다.

쓰러지는 일이 흔했기 때문에 사람들은 그녀를 눕히고 코르셋을 풀어 숨이 통하게 해주었습니다. 그러자 눈을 뜬 엘리자베트는 "안 돼. 무슨 일이 일어난 거지?"라고 말하고 다시 정신을 잃었습니다. 그제야 엘리자베트의 옷에 적갈색 얼룩이 있는 것을 발견한 백작부인은 부랴부랴 선장에게 엘리자베트의 신분을 밝혔고 유람선은 허겁지겁 제네바로 돌아갔습니다. 그러나 호텔 방으로 옮겼을 때 엘리자베트는 이미 사망해 있었습니다.

부검 결과 남자가 찌른 칼은 엘리자베트의 4번 갈비뼈를 부러뜨리고 폐와 심막에 구멍을 낸 것으로 확인되었습니다. 코르셋이 너무 꽉 조여져 있었기 때문에 피가 잘 통하지 않았고, 그 때문에 중상을 입었음에도

불구하고 엘리자베트는 100미터 이상을 걸어갈 수 있었으며 피를 몇 방울밖에 흘리지 않았다고 합니다. 칼이 뽑히지 않았더라면 살아날 수도 있었다고 하네요.

범인은 25살 난 이탈리아 청년으로 무정부주의를 믿으며 아무 왕족이나 눈에 띄면 죽이려 했다고 증언했습니다. 그는 자신의 신념을 대중들에게 전파하고 사형을 받지 않으려고 안간힘을 썼으나 그러기에는 제물로 고른 왕족이 하필이면 국민의 사랑을 많이 받던 엘리자베트 황후라는 것이 문제였지요. 서민들을 사랑하고 소박한 여행을 즐기고 국민들과 소통하려 노력하며 자선 활동도 많이 하고 아들도 낳았으나 아이들을 잃은 안타까운 엄마이자 황후, 게다가 미모로 명성이 자자했던 엘리자베트 황후는 길을 가다가 무정부주의자의 칼에 찔려 죽기에는 지나치게 죄가 없어 보이는 희생양이었기 때문에 범인은 분노한 여론에 떠밀려 사형을 선고받았습니다.

엘리자베트 사망 후 프란츠 요제프는 그녀를 추억하며 "내가 그녀를 얼마나 사랑했는지, 그녀가 나에게 얼마나 중요한 사람인지 모를 거야."라는 말을 자주 했다고 합니다. 생전에 그런 사랑을 조금만 더 보여주었다면 얼마나 좋았을까요.

18. 미워할 수 없는 구두쇠

- 19세기 최고의 여성 실업가 헤티 그린의 기상천외한 근검절약술

오늘날 세계 최고의 부자는 누구일까요? 마이크로소프트 사의 창업자 빌 게이츠와 멕시코 경제를 주물럭거리는 부자인 텔멕스 텔레콤의 회장 카를로스 슬림이 1, 2위를 다투곤 합니다. 억 소리를 넘어 조 단위를 불러야 하는 요즘 부자들의 재산이 참 놀라울 따름입니다. 하지만 세계 경제를 좌지우지하며 매스컴에 오르내리는 갑부들은 90% 이상이 남자들이죠. 그런데 지금으로부터 100여 년 전, 여자는 집에서 애나 키우고 바느질이나 잘하면 그만이라던 1800년대에 사업을 크게 성공시켜 '월 스트리트의 마녀'라는 별명을 얻은 선구적인 여성 실업가가 있었으니 그분은 바로 헤티 그린(1835~1916)입니다.

왠지 얼굴만 봐도 깐깐하다고 쓰여 있는 것 같은 이분은 한때 미국에서 가장 부자인 여성, 세계에서 가장 부자인 여성이었답니다. 독특한 생활 방식과 자린고비도 울고 가게 만들 절약 정신을 갖춘 부자로 더더욱

세탁비를 아끼려고 늘 어두운 색깔의 옷을 입었다는 검소함의 여왕 헤티 그린.

유명했던 헤티 그린 여사 이야기를 시작할게요.

이야기는 헤티 그린의 부모님으로부터 시작됩니다. 헤티 그린의 아버지인 에드워드 로빈슨은 미국의 뉴배드퍼드에서 가장 돈이 많은 가문인 하울랜드 집안의 둘째 딸과 결혼합니다. 하울랜드 집안에 아들이 없었기 때문에 당시 27만 달러, 현재 가치로 64억 3천만 원이 넘는 재산은 두 딸에게 나뉘어 돌아갔습니다.

이제 멋들어진 집에서 예쁜 부인과 그 부인이 가져온 너 멋지고 예쁜 재산을 굴리면서 에드워드 로빈슨은 신혼을 즐기고 있었습니다. 그리고 1835년, 눈 내리는 11월 말 꼬물꼬물 조그맣고 예쁜 여자아이 헨리에타 하울랜드 로빈슨이 세상에 태어났답니다. 하울랜드는 어머니의 성이었고 로빈슨은 아버지의 성이었으니 아이는 부모님의 성을 모두 물려받았습니다. 하지만 아버지는 아들이 아니라는 사실에 크게 실망하여 사업에만 열중했죠. 무역과 포경 산업을 통해 돈을 갈퀴로 긁어모으고 있던 로빈슨과 하울랜드 가족에게 헤티라는 애칭으로 불린 딸의 출산은 그다지 반길 일이 아니었고 헤티의 어머니는 두 번째 아이를 임신하자마자 두 살배기 헤티를 외할아버지 댁으로 보내버립니다.

재미있는 점은 딸이라는 이유로 어린 나이에 외갓집으로 보내졌기 때문에 전설의 헤티 그린이 탄생할 수 있었다는 것이지요. 엄청난 재산을 가지고 있던 외가, 하울랜드 가문은 신실한 퀘이커교도였습니다. 청렴한 삶을 지양하는 퀘이커교는 늘 절약하고 겸손해야 한다고 생각했고 부유함을 죄악으로 여겼습니다. 그런 분위기 속에서 성장한 헤티가 나중에 구두쇠라 불릴 정도로 철저하게 근검절약한 것은 어쩌면 당연한 일이었을 수도 있겠습니다.

갓난쟁이 헤티는 그 후로 외할아버지 손에서 자랐고 눈이 잘 보이지 않는 외할아버지를 위해 6살 때부터 글을 읽어드리기 시작했습니다. 6살 난 꼬맹이가 외할아버지에게 읽어드렸던 것들은 주식 투자 현황, 유가 변화 도표, 해운업 통계 자료, 유가증권 법률의 변화 따위였어요. 외할아버지에게 하듯 아버지에게도 비즈니스 거래 소식 등을 읽어주면 아버지는 사업과 돈에 관련해서는 상세히 설명해주었죠. 금융권 조기 교육이란 바로 이런 것! 그런 교육을 받은 헤티는 8살 때 스스로 계좌를 만들러 갔고 13살이 되자 가족 서재의 사서를 맡았으며 15살이 되었을 때는 웬만한 재정 전문가 뺨치는 지식을 갖추게 되었습니다.

딸인 헤티를 외할아버지에게 보내버린 어머니는 학수고대하던 아들을 낳았지만 아들은 얼마 지나지 않아 사망하였습니다. 그렇게 헤티는 집안의 유일한 상속자가 되었고 아버지 에드워드 로빈슨은 평생 요절한 아들을 아쉬워했습니다. 아버지의 안타까움은 헤티가 13살이 되었을 때 외할아버지가 사망하면서 에드워드 로빈슨이 당시 미국 최대의 포경 회사를 물려받게 되자 더욱 커졌습니다.

그런 와중에 헤티는 예쁘게 자라났습니다. 거대한 회사의 유일한 상속녀인데다 예쁘기까지 한 헤티는 훗날 에드워드 7세가 되는 영국 왕세자와 춤을 추기도 하고 남자들에 둘러싸여 많은 관심을 받기도 했지만 사실 그런 것엔 별 관심이 없었습니다.

어여쁜 아가씨 헤티의 관심은 6살 때도, 16살 때도, 26살 때도, 오로지 돈, 돈, 돈이었죠. 보통 아가씨들이 새 드레스와 화려한 레이스 모자를 얼마나 좋아하는지 아는 아버지가 딸이 아무런 부족함 없이 지내기를 바라며 보내준 용돈도 꼬박꼬박 저축하면서 돈관리의 즐거움을 키워갔습니다.

늘 깐깐하고 진중해 보이는 모습이 매력이었던 헤티 그린.

외할아버지 집에서 결혼하지 않고 혼자 살아온 이모인 실비아의 손에 자랐던 헤티는 아가씨가 돼서도 실비아 이모의 집에 자주 들렀습니다. 자식이 없는 실비아 이모였기에 이모가 외할아버지로부터 상속받은 13만 달러의 상속자가 자신임을 알고 있던 헤티는 이모가 쓰는 돈에 사사건건 간섭하기 시작했죠. 말랑말랑 부드러운 흰 빵 대신 거친 검은 빵으로 바꿔가고 레이스가 나풀나풀한 식탁보는 지나친 사치라며 경계했고 싱싱한 딸기를 사오면 기어코 돈으로 돌려받아왔습니다.

1860년, 26살의 헤티는 늘 골골대던 이모가 죽기 전에 유산을 확정짓기 위해 이모를 앉혀놓고 자신을 법적 상속인으로 지정하는 유언장을 쓰게 했습니다. 그런데 에드워드 로빈슨의 회사가 쑥쑥 성장하는 만큼 회사 주주인 실비아의 재산도 우후죽순처럼 늘어났고 1863년쯤에는 무려 200만 달러가 넘는 재산을 보유하게 되었습니다. 200만 달러나 되는 재산을 가진, 그리고 경영이나 재산 관리는 하나도 모르는 연약한 노부인이라니, 세상에 이보다 더 좋은 먹잇감이 어디 있겠습니까. 실비아의 주치의는 실비아의 집에 눌러 살면서 자신을 전적으로 의지하게 만든 다음, 유언장을 새로 쓰게 했습니다.

그러던 사이 헤티는 1865년 6월 아버지가 소개해줬던 44세의 에드워드 헨리 그린과 약혼을 합니다. 딸의 약혼에 안심이 되었는지 어느 날 쓰러져 계속 앓아왔던 에드워드 로빈슨은 딸이 약혼한 지 2주 만에 세상을 떠납니다. 그는 외동딸에게 무려 570만 달러나 되는 재산을 남겼습니다. 돈이 매우 많은 부자로 자랐고 재산도 매우 많이 소유하게 되었으니 이는 금융권에 대한 지식도 풍부하고 사업가의 피가 흐르는 헤티에게 날개를 달아준 셈이 됩니다. 하지만 그런 헤티를 방해하는 것이

강아지 듀이와 함께 있는 헤티 그린. 헤티는 강아지 키우는 세금인 2달러를 내지 않으려 하다가 법원에 여러 번 소환되었다. 하지만 헤티는 집의 문패를 C. 듀이라고 써둘 정도로 듀이를 정말로 사랑했다고 한다.

있었으니, 그것은 여성을 향한 세상의 편견이었습니다.

어린 딸을 무릎에 앉히고 온갖 사업 및 경제 지식을 알려주었던 로빈슨은 딸이 웬만한 경제 전문가보다 금융에 해박하다는 사실을 잘 알면서도 여자는 돈이 생기면 헤프게 쓸 것이 틀림없다는 편견에 사로잡혀 570만 달러의 재산 가운데 약 500만 달러는 딸이 마음대로 쓸 수 없도록 신탁으로 돌리고 나머지만 현찰로 주었습니다. 물론 이 정도만 해도 보통 사람들은 평생 펑펑 쓸 수 있을 정도로 엄청난 돈이지만 야망도 자존심도 큰 헤티는 화가 나서 펄펄 뛰었습니다. 아버지가 죽을 때까지 자신을 믿지 못했다는 것에 자존심이 구겨진 와중에 이번에는 실비아 이모가 세상을 떠났습니다.

새로운 유언장이 만들어졌다는 것은 알고 있었지만 정확한 내용은 몰랐었는지, 유언장이 공개되자 헤티는 다시 한 번 분노로 가득 찼습니다. 실비아의 전 재산에 대한 권리는 자신에게 있었는데 이모가 갑자기 등장한 주치의와 그 가족한테 무려 12만 달러에 가까운 돈을 현찰로 주었고 나머지 재산은 끝까지 자신 곁에서 헌신한 직원들과 마을의 불쌍한 과부와 불우한 이웃들에게 기부한다고 유언했음을 알게 된 헤티는 곧바로 소송을 걸었습니다.

이 사건은 '로빈슨 대 멘델 사건'으로 유명하며 정확히 어떤 유언장이 제대로 된 효력을 가졌는지 알기 위해 실비아의 서명이 위조되었는지 확인해야 했고 현재까지도 법정에서 수학을 이용한 수사의 초기 형태로 유명합니다. 수임료를 15만 달러나 썼지만 결국 헤티는 사기 판결을 받고 이모의 유산을 받지 못합니다. 아무리 조카라고 해도 이모 돈이니 어디다 쓰건 그거야 이모 맘이고, 실비아가 헤티 몫으로 100만 달러를 신탁해두었는데도 사람의 욕심은 정말이지 끝이 없나 봅니다.

약혼한 지 2년 만에 33살의 나이로 헤티 하울랜드 로빈슨은 에드워드 헨리 그린과 결혼하여 헤티 그린이 되었습니다. 두 사람은 코드가 딱딱 맞는 커플은 아니었어요. 두 사람 다 아주 부유한 집안 출신이었지만 근검절약이 뼛속까지 배어 있는 헤티와는 달리 에드워드는 돈이 있으면 쓰자는 편이라 맛있는 와인과 친구들과의 즐거운 시간에 아낌없이 돈을 썼죠. 만약 그가 결혼하면서 헤티의 돈에 손을 댔다면 헤티 성격상 뒤집어졌겠지만 다행히 에드워드 그린은 자기 재산을 썼고 두 사람은 기묘한 공존을 시작했습니다.

워낙 다른 두 사람이었기 때문에 헤티가 자기 재산을 건드리지 못하게 하는 혼전 계약서를 썼다는 이야기가 있지만 정확한 문서는 없습니

헤티 그린, 사위 매튜, 딸 실비아. 결혼식날 찍은 사진. 실비아는 결혼식에 갈색 드레스를 입고 하얀 모피를 둘렀다. 헤티 그린은 이날 처음으로 미용실을 방문했다고 한다.

다. 하지만 혼전 계약서가 없다고 에드워드 그린이 헤티의 재산을 건드릴 수는 없었습니다.

헤티는 본격적으로 사업을 시작했습니다. 당시 미국은 남북전쟁 이후 채권을 발행했는데 이 불안정했던 미국의 정세를 이용해서 엄청난 양의 채권을 사들였습니다. 특히 철도 채권을 집중적으로 구매하며 하루에 무려 20만 달러의 수익을 올리기도 했습니다. 헤티 그린이 어떤 방식으로 돈을 벌었는지 궁금하죠. 자기개발서나 돈 버는 법 등의 책에 보면 참 쉬워 보이는 말만 나오듯, 헤티 역시 아주 쉬워 보이는(?) 방법으로 돈을 벌었습니다. 그것은 바로, "싸게 사서 비싸게 팔아라!" 였죠. 말처럼 쉽지는 않았겠지만 열심히 돈을 모아 미국 최고의 갑부가 된 헤티 그린은 곧 아주 독특한 사람으로 유명세를 타기 시작합니다. 돈 한 푼의 소중함을 알고 있던 그녀가 정말 지독한 구두쇠였기 때문이죠.

헤티는 불에 탄 건물의 잔해더미에서 쓸 수 있는 못을 손수 뽑으러 다녔고 날씨가 아무리 추워도 옷을 껴입었으면 껴입었지 결코 히터를 켜거나 뜨거운 물로 목욕을 하지 않았습니다. 그리고 사진을 보시면 눈치 챘겠지만 언제나 검은 옷을 입고 있지요? 비누가 아까워 손도 잘 닦지 않고 빨래하는 여자에게 빨래를 시킬 때도 비누가 아까우니 소매 부분과 치마 밑단만 빨라고 주문할 정도였습니다. 잘 씻지도 않고 옷도 제대로 세탁하지 않았으니 악취가 난다는 소문도 무성했습니다.

헤티 그린은 아이들과 함께 뉴저지와 뉴욕을 자주 오가며 살았습니다. 언제나 여행을 다니는 우아하고 세련된 부자의 멋진 삶을 상상하신다면 안타깝게도 틀렸습니다. 헤티 그린은 한 주(州)에 오래 살면 그 주에 세금을 내야 하기 때문에 그 돈을 아끼기 위해 이리저리 떠돌아다니며 살았던 것이었습니다. 사무실 임대 비용을 안 내려고 서류로 가득 찬 가방을 가지고 은행에 가서 고객 대기용 의자에 앉아 일을 하기도 했고 여성이 혼자 여행을 하는 풍경을 보기 힘들었던 시절에 겨우 몇 백 달러의 빚을 받아내기 위해 몇 천 킬로미터도 불사하고 돌아다녔습니다. 헤티 그린의 두 아이들은 그 누구도 미국 최고 부자의 자식들이라고 볼 수

가장 부유한 여성들에 대해 났던 신문 기사. 가운데 있는 이가 헤티 그린.

없는 행색을 하고 다녔습니다. 한편으로는 대단하다 싶기도 하고, 그만큼 버셨으면 따뜻한 물에 목욕 좀 하고 빨래는 좀 자주 하셨어도 되지 않았을까 싶죠?

여기까지는 그래도 애교 수준인데요. 오늘날까지 그녀가 구두쇠로 이름을 떨치게 된 충격적인 사건이 벌어집니다. 첫째이자 아들이었던 네드에게 생긴 일입니다. 네드는 어린 시절 썰매를 타다가 미끄러져 무릎을 다칩니다. 아이의 무릎이 점점 악화되자 헤티는 서둘러 아들을 데리고 병원으로 향했습니다. 문제는 그 병원이 가난한 사람들을 위해 운영되는 무료 병원이었다는 것이죠. 곧 뉴욕에서 돈이 제일 많은 여자의 아들이라는 것이 밝혀지자 병원에서는 네드와 헤티를 쫓아냅니다. 돈 있으면 돈을 내고 치료받으러 가라는 것이었죠. 헤티는 그때까지의 치료비를 지불하고 네드를 집으로 데려갑니다.

얼마 후 헤티는 의사들의 모임에 네드를 데려갔는데 이때도 다 낡은 옷을 입고 갔습니다. 의사들은 가난한 모자라고 생각하고는 무료로 치료를 하기 시작했습니다. 하지만 여기서도 헤티를 알아본 사람이 나타났고 모든 치료는 중단되었습니다. 그러던 사이 이미 상처를 회복하기에는 시간이 너무 지나버렸고 결국 네드는 다리를 절단하고 평생 의족 신세를 지게 됩니다. 네드는 180센티미터가 넘는 키와 듬직한 풍채를 지녔기 때문에 날이 갈수록 다리를 심하게 절게 되었습니다.

다리를 저는 아들 네드와 부끄러움을 심하게 타는 딸 실비아를 둔 헤티는 딸이 돈만 보고 달려드는 남자에게 넘어갈까 두려워 늘 옆에 끼고 살았습니다. 아들인 네드는 헤티의 후계자로서 어머니에게 갖가지 교육을 받고 나이가 차자 바로 사업을 관리하기 시작했죠. 그렇다면 남편인 에드워드 그린은 뭘 하고 있었을까요? 에드워드 그린은 자신의 사업인 무역업과 의류업을 하면서 평소 습관대로 즐겁게 돈을 펑펑 쓰다가 은행에 무려 70만 달러나 되는 빚을 졌고 헤티는 '남편 돈은 남편 돈, 내 돈은 내 돈!' 이라며 몸부림을 치며 저항했지만 은행이 파산 직전에 다다르자 자신의 예금을 받기 위해 어쩔 수 없이 남편의 빚을 갚아주었습니다. 그 뒤로 주머니에 땡전 한 푼 없게 된 에드워드 그린은 쥐죽은 듯 조용히 집에 콕 파묻혀 살았습니다. 어찌나 조용히 살았던지 신문에서는 에드워드 그린이 오래전에 죽은 줄 알고 헤티를 미망인이라고 칭할 정도였죠. 실제로 1902년에 에드워드 그린이 사망했을 때 그는 미국 및 세계 최고 부자의 남편임에도 현금 5,500달러를 포함해서 전 재산이 2만 달러가 조금 넘었습니다.

헤티 그린의 딸인 실비아는 엄청난 재산을 받게 될 상속녀로서 수없이 많은 남자들의 구애를 받았습니다. 헤티 그린이라는 최고의 부자가 있고 그녀에게 아직 미혼인 딸이 있다는 기사가 나기라도 하면 유럽 각지에서 청혼하는 편지가 쏟아져 내렸죠. 그러던 중 실비아에게 남자 친구가 생겼다는 이야기가 들려왔습니다. 은행총장의 아들이었다고 하니 이른바 '스펙' 면에선 나무랄 데 없었겠지만 헤티는 딸을 앉혀 놓고 다음과 같이 말했다고 합니다.

"네가 가난하더라도 정직하고 성공을 향해 열심히 정진하는 제대로 된 신념을 가진 남자와 결혼하기를 바란다. 나는 그 사람이 올바른 성격의 소유자라면 고작 100달러만 가졌다 해도 상관하지 않는다. 너는 평생 쓰고도 남을 돈을 갖게 될 것이니 돈을 보고 남편감을 찾을 필요는 없다. (중략) 현재 상황에 만족해 하며 아버지 돈으로 생활하는 젊은이에 대해서 더는 아무런 소문이 들리지 않기를 바란다." [주15]

이렇듯 헤티 그린은 경악스러울 만큼의 절약 정신과 그 절약 정신으로 인한 악취에 더불어 뛰어난 사업 수단으로 놀라운 재산을 모았고 미국 내에 그 이름을 모르는 사람이 없을 정도로 유명해집니다. 사람들이 자신을 알아보는 것이 싫다며 늘 검은 베일을 쓰고 검은 드레스를 입었기 때문에 헤티 그린은 '월 스트리트의 마녀'라는 별명을 얻습니다. 남자가 아니면 일도 하지 못했고 여자는 월 스트리트 같은 증권가에는 발도 들여놓지 못했던 시절, 그 어떤 남자보다 성공했던 헤티 그린은 30살에 유산으로 상속받은 750만 달러를 혼자서 무려 2억 달러 가량 늘려 놓았습니다.

물론 그런 성공과 함께 월 스트리트를 활보하던 남자들로부터의 시기와 질투는 어마어마했고 그 덕에 지금까지도 헤티 그린은 동시대를 살았던 '강철왕' 카네기, '석유왕' 록펠러, '천재적인 금융업자' J. P. 모건 등 오늘날까지 희대의 거부로 이름을 남기고 있는 남자들과 달리 세계적인 여성 갑부였다는 사실은 쏙 빠지고, 그저 '괴짜'에 '마녀'로만 알려지게 됩니다. 『기네스북』에 이분의 이름이 올라 있는데요. 그녀가 갖고 있는 기록은 '세계 최고의 구두쇠'입니다.

왜 그렇게 되었을까요? 오늘날에도 여성이 사회적으로 뭔가를 성취하기에는 '유리 천장'이 있다고 잘나가는 여성들조차도 고백하는데, 지금보다 여성에 대한 편견과 차별이 훨씬 심했던 시절에 이뤄낸 그녀의 성취는 훨씬 값지고 빛나는 것 아닐까요? 사치보다 근검절약이 미덕인 것도 당연하구요. 이렇듯 욕을 먹기보다는 칭찬을 들어야 할 만한 그녀의 실업가로서의 성취는 모두 가려지고 이상한 여자로만 알려져 있는 것이 안타깝습니다.

81세의 나이로 사망한 헤티 그린, 이렇게 아끼고 아껴 모으고 모은 돈은 모두 두 아이들에게 고루 나누어졌습니다. 어머니에게 쏟아지는 악의적인 비웃음을 참다못한 아들 네드가 어머니 살아생전에 익명으로 많은 기부를 했다고 밝혔지만 정확한 액수나 어디에 기부가 되었는지는 제대로 알려져 있지 않습니다. 네드와 실비아는 어머니가 평생을 바쳐 벌고 모은 돈을 물려받아 어머니처럼 늘리지는 못했지만 자신들이 원하는 곳에 즐겁게 소비하고 수많은 곳에 기부했습니다. 네드는 보석,

우표, 예술품 등을 수집하며 행복해 했고 동네 사람들을 위한 파티를 열었으며 실비아는 조용하고 평화롭게 살다가 1억 달러에 달하는 재산을 공립도서관과 하버드, 예일 등의 대학들과 병원 등 여기저기에 기부했습니다.

여성의 투표권조차 싸우고 투쟁해서 얻어내던 시절, 시기와 질투, 방해 공작, 무시, 차별을 모두 꿋꿋이 이겨내고 현재 가치로 무려 16조 원에 달하는 재산을 일궈내며 목표를 향해 늘 도전하고 열정을 쏟아낸 모습, 그리고 떠들지 않고 조용히 '노블리스 오블리제'를 실천한 모습은 정말이지 존경할 만한 인물인 것 같습니다. 물론, 대단히 개성이 넘치시는 점도 말이죠.

19. 사르키, 그녀의 이름을 기억하세요
— '인간 동물원'이라 불린 인종 전시 잔혹사

어린 시절 색색 가득한 크레파스에는 여러 가지 알록달록한 색이 가득 담겨 있었습니다. 빨강, 파랑, 노랑, 보라, 초록……. 그중에 지금은 그 이름을 감춘 '살색'이라는 크레파스가 있었죠. 세상에 얼마나 다양한 피부색이 있는데 연한 살구빛의 색만을 '살'색이라고 부르는 것은 잘못이라는 이유 때문이었죠. 요즘 우리는 다양한 인종의 사람들과 뒤섞여 살아갑니다. 금발 머리에 코가 큰 백인이나 초콜릿 빛깔 피부의 흑인을 보더라도 전혀 놀라지도, 뚫어져라 쳐다보지도 않지만 이처럼 다른 인종의 사람들에게 익숙해진 지는, 아니 우리와 같은 인간으로 취급한 지는 그리 오래되지 않았습니다. 그리고 그 사이에는 이번 이야기의 주제인 인간의 편협함과 잔인함을 그대로 보여주는 '인간 동물원' 사건이 있었지요.

이야기는 1493년 무렵, 그 유명한 콜럼버스로 거슬러 올라갑니다. 스

콜럼버스와 아메리카 원주민의 만남. 난생처음 보는 백인들을 열렬히 환대해주었던 원주민들은 상상도 하지 못했던 처참한 상황을 맞이하게 된다.

스페인 왕실의 후원을 받아 아메리카 대륙을 탐험한 콜럼버스가 6명의 원주민을 스페인까지 끌고와 왕실에 보여주었다는 기록이 남아 있습니다. 당연히 스페인의 입장에서 쓰인 기록이니 별다른 말은 없지만 우리는 그 먼 바다를 건너 생전 처음 보는 생김새의 사람들 나라로 오게 된 6명의 원주민이 얼마나 공포와 두려움에 떨었을지 쉬이 짐작할 수 있겠죠. 여기서 아메리카 대륙을 '발견'했다 하지 않고 '탐험'했다고 하는 이유는 '발견'이라는 말은 순전히 콜럼버스와 유럽 입장에서 하는 말이며, 그곳에서 몇 천 년에 걸쳐 뿌리를 내리고 살고 있던 사람들이 들으면 어처구니가 없기 때문입니다.

아무튼, 신대륙에서 원주민들을 처음 보고는 '오호라, 세상에 희한하게(?) 생긴 사람들이 있구나!' 싶었던 유럽인들은 닥치는 대로 그들을, 글자 그대로 사냥하기 시작합니다. 특히 남아메리카 대륙을 정복하려 들었던 스페인에서는 남미에서 나는 금을 보고 눈이 뒤집혀 차마 상상하기 어려운 잔인한 면모를 보이지요. 갓난아기를 어머니 품에서 빼앗아 눈앞에서 개 먹이로 던져주는가 하면 가족을 모두 인질로 잡아놓고 아버지에게 금을 가져오라고 협박하고 금을 받고도 다 죽이는 등 충격적인 일들을 벌인 탓에 스페인이 휩쓸고 지나간 아즈텍 왕국은 인구의 90%가 학살당했죠.

스페인 왕과 여왕의 이름으로 행해진 잔혹한 학살극에 치를 떨던 바르톨로메 데 라스 카사스 신부(1474~1566)는 이를 낱낱이 적어 스페인 왕실에 보고하기도 했습니다.

이곳저곳 탐험하기 시작한 유럽인들이 현지에서 만난 원주민들을 신기하게 여겨 끌고와서 구경시키는 일이 흔했지만 이 일이 사업으로 탈바꿈한 것은 19세기 초였으며, 인간 동물원이 널리 퍼진 것은 1870년대부터였습니다. 파리, 뉴욕, 바르셀로나, 런던, 밀라노 등 대도시에서 타국가들을 약탈한 이들이 납치해온 원주민들을 그대로 전시하는 인간 동물원을 만들기 시작했죠. 독일의 칼 하겐베크라는 사람은 유럽에서 인간 동물원 사업을 가장 대대적으로 벌인 사람이었습니다.

그는 오스트레일리아 옆에 있는 작은 섬나라인 사모아 사람들을 데려와 순수한 자연인들이라며 전시하는가 하면 1876년에는 이집트로 사람을 보내서 그곳의 동물들을 실어온 것도 모자라 누비아인을 나이와 성별에 따라 데려오도록 시켰고 그들을 끌고 파리, 런던, 베를린을 돌며 사람들에게 구경시켰습니다. 마치 춤추는 곰처럼 '리틀 이집트'라고

사람을 마치 인형이나 동물 구경하듯 보고 있는 사람들.

부르며 벨리 댄스도 시켰죠. 그 일이 성황을 이루고 큰돈을 벌어주자 하겐베크는 저 멀리 알래스카까지 쫓아가서 이누이트인들을 납치해 전시합니다. 돈에 눈이 멀면 어미 아비도 못 알아본다더니, 정말이지 뵈는 게 없나 봅니다.

원주민을 납치해오는 일이 돈이 된다는 사실이 알려지자 너도나도 인간 동물원 '사업'에 뛰어들기 시작했습니다. 몇 년이 지나지 않아 1878년, 파리국제박람회에 '흑인 마을(village négre)'이 개설되기까지 했죠. 식민지가 엄청나게 생겨나고 있던 시기였기에 노예는 흔했고 원주민을 동물처럼 다루는 것에 죄책감을 전혀 느끼지 않았던 것입니다. 요즘처럼 누구나 해외로 쉽게 나갈 수 있는 것이 아니다보니 신화나 전설처럼 전해오는 이야기만 들으며 미지의 세계에 대해 막연한 환상을 품고 있던 유럽인들은 모두 이 박람회를 보고 싶어 했습니다. 이 무렵 중국의 비단과 도자기 등이 엄청나게 유럽으로 건너오곤 했었기 때문에 좀 사다 싶은 상류층들은 집에 아예 '중국 방'을 만들어 중국풍의 물건

따뜻하게 차려입은 사람들이 다 벗겨 놓은 원주민들을 동물 구경하듯 구경하고 있다(위). 1913년 벨기에 세계 박람회에 만들어진 세네갈 마을에서 원주민들을 관람하고 있다(왼쪽).

들을 가득 채워놓고 동양에 대한 환상을 키우곤 했죠. 박람회가 성황리에 마무리되자 1889년에는 전 세계에서 데려온 400명의 원주민들을 전시하는 국제박람회가 또 열렸습니다.

당초 목표는 사는 그대로의 모습을 보여주는 것이었기 때문에 원주민들의 복장이나 집의 형태 등은 똑같이 만들어두고 단지 창살로만 '동물'과 '인간'을 나눠놓았습니다. 무려 2,800만 명이나 되는 사람들이 이 박람회를 관람했는데 그중에 이런 행태가 잘못이라고 지적한 사람은 단 한 명도 없었습니다.

1896년에는 미국의 신시내티 동물원에서 100명의 북아메리카 원주민을 데려다가 마을을 만들어 전시시켰고 그들은 그곳에서 석 달 동안 살았습니다. 드넓은 초원을 자유롭게 말 달리던 사람들이 동물처럼 우리에 갇혀 구경거리 신세가 되었으니 얼마나 비참한 심정이었을지 상상조차 힘든 일이죠. 1900년에는 모형을 전시하기도 했지만 1906년, 1907년, 1922년, 1931년에 열린 박람회에선 실제로 살아 있는 사람을 전시했습니다. 심지어 전시가 진행되고 있는 도중에 죽으면 그 시체까지도 전시하면서 그야말로 인권이라고는 없는 역겨운 일들이 아무렇지 않게 자행되었죠. 파리에서 열렸던 1931년의 박람회는 인기가 아주 좋아서 6개월 동안 무려 3,400만 명이 넘는 사람들이 구경을 왔습니다. 물론 그중에도 '이러시면 안 됩니다!'라고 말한 사람은 한 명도 없었죠.

오늘날 우리 상식으로는 사람이 사람을 그렇게 구경하고 관람한다는 것이 도무지 이해할 수 없는 일이지만 당시 유럽인들은 흑인과 동양인, 남미 원주민들을 원숭이와 진화한 백인 사이에 있는 '미싱 링크'라고 생각했습니다. 그들의 눈에는 인간이 아닌 원주민들의 옷을 홀랑 벗겨놓고 구경을 하는 것이 원숭이를 보고 간식을 던져주는 것만큼 자연스러운 일이었던 것이죠. 그렇기 때문에 전시된 모든 사람들은 전부 '동물원'에 있었고 바로 옆 칸에는 원숭이들이 있었습니다.

관객들의 호기심을 충족시켜주기 위해 원주민들이 살던 곳 그대로의 모습을 전시하고 다른 변화를 주는 것을 허용하지 않았기 때문에 아프리카와 남미의 뜨거운 태양에만 익숙하던 원주민들은 난생처음 겪는 유럽의 끔찍한 추위 속에서 얼어죽어갔습니다. 추위에 고통스러워하며 바들바들 떨고 죽어가는 사람들을 빤히 바라보면서도 누구 한 사람 따뜻한 담요나 옷을 건네주지 않았습니다. 원주민들은 당시 유럽에 만연하던 질병에 면역력이 전혀 없었기 때문에 단순한 감기, 홍역, 수두 등의 병으로도 죽어서 대부분 잡혀온 지 3~4년 안에 사망했습니다.

1900년대에 들어오면서부터는 인간을 전시하는 일이 너무 흔해졌기 때문에 새로운 것이 필요해졌죠. 그렇게 이른바 스타가 나타나기 시작했습니다. 물론 말이 스타지 좋은 말로 살살 꾀어내서 유럽에서 동물처럼 돌린 것일 뿐이었죠. 그중 지금까지도 유명한 사람은 오타 뱅가와 사라 바트만입니다. 사라 바트만(1790~1815)은 19세기 초, 아직 인간 동물원이 전 유럽을 휩쓸기 전에 희생된 비극적인 인물이며 오타 뱅가는 1900년대에 미국에서 살았던 콩고인입니다.

"모든 흑인 여성은 이 사람의 이름을 알아야 한다."라는 말이 있는 여성, 사라 바트만의 실제 이름은 정확히 알려져 있지 않습니다. 고향인 아프리카에서는 사르키라고 불렸다고 하는데, 사르키는 사라(sarah/sara)라는 영어식 이름과 아프리카어의 '키'라는 접미사를 붙인 이름입니다. '키'는 작고 귀여운 정도의 뜻으로 상대를 아끼고 사랑하는 마음을 표현하는 것입니다. 하지만 '작다, 어리다'라는 느낌의 단어이다보니 주인인 백인이 노예인 흑인을 부를 때와 같이 주종 관계, 권력 관계에서 사용되면 경멸하고 조롱하는 뜻이 되기도 하였습니다. 때문에 지금에 와서는 해당 문화권이 아닌 사람이 '키'라는 표현을 쓰는 것은 자칫 인종차별이라 느껴질 수 있답니다. 하지만 사르키 본인이 살아생전 스스로를 사르키라고 칭했기에 여기서는 사르키라고 부르겠습니다.

남아공에서 평화롭게 잘 살고 있던 사르키는 어느 날 부모님을 잃고 고아가 되었습니다. 케이프타운에서 살던 사르키는 독일 농부의 노예였죠. 어느 날 사르키의 주인이 사르키에게 "영국에 가는 것이 어떠냐? 가면 돈을 아주~ 많이 벌 수 있단다."라고 살살 꼬드깁니다. 이 농부는

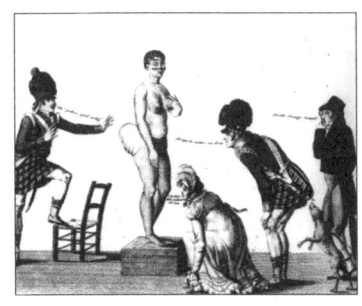

사르키 바트만을 '전시' 해 놓고 신기한 듯이 구경하는 19세기 유럽 사람들.

당시 케이프타운의 통치자였던 칼레돈 백작에게 사르키를 데려가도 된다는 허가를 받아냅니다. 하지만 훗날 사르키가 왜 영국에 가게 되었는지 정확한 이유를 전해들은 칼레돈 백작은 굉장히 후회했다고 합니다.

그렇게 사르키는 스무 살의 나이에 런던으로 가게 됩니다. 런던으로 향하는 길이 즐겁고 신나는 여행일 요즘과 달리 사르키의 앞길에는 지독한 어둠만이 가득했죠. 런던에 도착한 사르키는 난쟁이, 거인 같은 평범한(?) 사람들부터, 뱀이 팔에서 자라는 여자, 늑대인간, 뱀파이어 같이 말도 안 되는 것까지 전시하던 서커스 같은 전시회에서 한 자리를 맡게 되었습니다. 수많은 사람들이 사르키를 보기 위해 몰려들었습니다. 단순히 어두운 빛깔의 피부가 신기해서 온 것이었을까요? 그랬다면 좀 나았으련만 사르키가 사람들에게 큰 관심을 받게 된 이유는 특이한 체형 때문이었습니다. 남아프리카에 있는 코이코이족 출신이었던 사르키는 코이코이족의 신체적 특징인 여성성이 굉장히 강조된 신체를 가지고 있었습니다.

'여성성이 강조되었다' 는 것은 요즘 우리가 생각하는 쭉쭉빵빵 늘씬한 모델 같은 몸이 아니라 고대 아프리카 등지에서 발굴되곤 했던 이브나 비너스의 모습을 닮은 신체였습니다. 그 특징은 쉽게 상상할 수 있는, 커다란 가슴과 굉장히 큰 엉덩이에서도 물론 도드라졌지만 사람들을 깜짝 놀라게 한 것은 코이코이족 여성들의 성기 형태였습니다. 코이코이족 여성의 성기는 소음순이 대음순 밖으로 약 10센티미터 정도 늘어져 있었고 그것이 성적으로 매력 있는 것으로 여겨졌다고 합니다. 유전 때문인지, 아니면 요즘도 거행되는 여성 성기를 일부러 변형시키는 관습 때문인지는 잘 알려져 있지 않습니다.

현재진행형인 인종차별 중 하나는 우리의 뇌리에 너무나 깊숙이 박혀 있어서 당하는 사람들조차 그것이 인종차별인지 아닌지 잘 모르는 것으로, 그것은 인종에 관한 얼핏 보기엔 긍정적인 고정관념입니다. 예를 들면 동양인은 '수학을 잘한다', '동양 여자는 순종적이다' 라든지, 흑인들은 '동물적이다', '운동을 잘한다', '섹슈얼하다' 같은 것이 그것이죠. '운동 잘하고 섹시하면 좋은 것 아닌가?' 잠시 이런 생각이 들겠지만, 이것은 흑인이 '아프리카의 야수들처럼 발가벗고 뛰어다니거나 하며 생각은 없고 헐떡거리며 번식이나 하는 종족'이라고 주장하는 근거로 삼곤 하는 말입니다.

사르키의 성기를 본 당시 유럽인들은 이것이야말로 사르키가 열등한, 진화가 덜 된 인간이라는 증거라고 믿었습니다. 사르키와 달리 자신들은 '정상적인' 성기를 가졌다고 여겼으니까요. 덕분에 사르키는 유럽인들의 우월감을 고취시켜주는 존재가 되어 큰 주목을 받게 되지요. 사르키는 살아생전에는 절대로(!) 자신의 성기가 구경거리로 전락하는 것을 허락하지는 않았지만 노출이 심한 옷차림을 해야 했습니다.

그토록 함부로 구경하고 모욕해놓고 사람들은 당시 코이코이족을 무시하며 부르는 이름인 '호텐토트(네덜란드어로 미개하다는 뜻)'를 붙여 사르키를 '호텐토트 비너스'라고 불렀습니다. 그와 함께 사르키의 독특한 성기를 가리켜 '호텐토트 앞치마'라고도 불렀죠. 때문에 지금은 호텐토트 비너스라는 말이나 호텐토트라는 말은 욕으로 쓰이고 있으니 이 단어는 결코 써서는 안 됩니다.

당시 영국은 사르키가 런던에 오기 3년 전에 이미 노예 해방이 이루어진 상태였습니다. 그래서 흑인연맹에서는 사르키의 해방을 강력하게 주장하기 시작했습니다. 그래서 사르키와 당시 사르키의 주인은 법정에 서야 했죠. 법정은 사르키가 능숙했던 네덜란드어로 진행되었는데, 사르키는 그곳에서 '난 내 자유로 여기에 서 있는 것'이라고 말했습니다. 하지만 그것이 정말 사르키가 원해서 한 행동일까요. 사르키를 구경하려는 관객들이 구름같이 몰려들긴 했지만 약속했던 돈은 그녀에게 주어지지 않았고, 사르키는 집으로 돌아가고 싶어도 돌아가기는커녕 하루 벌어 하루 먹고 살 능력밖에 없었습니다. 그러니 그것까지 잃으면 어떻게 살아갈지 걱정했기 때문 아닐까요.

얼마 후 런던 사람들이 사르키 구경을 충분히 하고 신문에서도 흘러간 기사가 되자 사르키의 주인은 그녀를 프랑스 상인에게 팔아버립니다. 영문도 모르고 프랑스까지 끌려간 사르키를 맞이한 새 주인은 동물 조련사였습니다. 그는 마치 자기의 곰이나 사자를 조련하듯 사르키를 혹독하게 대했고 마지막 자존심으로 옷은 벗지 않았던 사르키는 유럽에 온 지 5년 만에 자신의 누드를 찍고 관찰할 수 있도록 허락할 수밖에 없었습니다. 하지만 그때도 사르키는 성기는 보이지 않았죠.

얼마 후 파리 사람들까지 사르키 구경을 충분히 하고 무관심해지자 더 이상 사르키를 사겠다는 사람이 아무도 없었습니다. 사르키를 동물로 취급했던 새 주인은 당연히 경제적인 도움을 전혀 주지 않았고 모든 이득은 자신이 챙겼죠. 이제 사르키는 갈 곳도, 할 수 있는 일도, 가족도, 친구도, 아무것도 없었습니다. 네덜란드어를 잘한다고 해도 겉모습 때문에 아무도 불러주지 않았고 일을 열심히 하겠다고 해도 자기를 인간으로 봐주는 사람이 아무도 없는데 누가 일거리를 줄까요. 사르키는 굶주린 배를 싸구려 술로 채우기 시작했습니다.

그렇게 '호텐토트 비너스'가 비틀거리기 시작하자 일자리를 줄 수 있는 유일한 사람들이 움직이기 시작했죠. 그렇게 20살에 유럽 땅을 처음 밟은 사르키는 25살에 매춘부가 되었습니다. 그리고 바로 그해에 파리의 뒷골목에서 추위에 떨면서 외롭게 사망했습니다. 사망 원인은 매독이나 홍역, 폐렴, 또는 감기로 짐작됩니다. 그녀의 죽음으로 그녀에게 행해진 인종차별과 모욕도 막을 내렸을까요? 너무나 슬프게도 그렇지 않았습니다.

사르키가 살아 있을 때는 몸을 팔든 병에 걸려 아프든 신경도 안 쓰던 사람들이 사르키가 죽자마자 사르키의 시신을 가지고 또 다시 돈놀이를 시작했습니다. 죽어서라도 집으로 돌아가고 싶어 했을 사르키를 먼 타지에서나마 양지바른 곳에 묻어주지는 못할망정 그녀의 몸을 해부하고 장기를 적출해서 아무렇지 않게 버렸습니다. 그 후 사르키의 독특한 형태의 성기와 사르키의 특별한 신체와 뇌를 소금에 절이고 미라화시켜서 무려 1974년까지 파리의 인간 박물관에 전시시켰죠.

이런 비인간적이고 역겨운 일이 벌어지고 있다는 것을 알게 된 남아공에서는 1940년부터 사르키의 시신을 돌려달라고 요구했지만 프랑스는 싸그리 무시했습니다. 들은 척도 안 하고 무려 100년이 넘게 사르키의 몸을 구경거리로 삼고 있던 프랑스에서 남아공의 요구를 무시할 수 없게 된 것은 1994년에 넬슨 만델라 대통령이 사르키 시신의 인도를 공식 요구했기 때문이었습니다. 1994년? 18세기, 19세기라 할 때는 멀고 먼 과거 같았지만 1994년은 불과 20년 전입니다. 프랑스의 대답은 무엇이었을까요? 프랑스는 만델라 대통령이 뭐라건, 요청이 들어온 1994년부터 2002년까지 수많은 토론과 법정 싸움을 벌였습니다. 19세기에 유린당한 사람을 고국으로 돌려보내달라는 싸움이 21세기까지 온 것이죠. 그리고 너무나 당연하게도 남아공이 승리했습니다. 그리고 2002년 8월 9일, 남아공 여성의 날에 사르키는 드디어 만신창이가 된 몸을 고향 땅 언덕에 뉘일 수 있게 되었습니다.

그 뒤 유럽인들의 관심이 아시아로 향하면서 필리핀 사람들도 잡혀와서 전시되었으며 일본에서는 '조선관'이라는 이름으로 조선의 남성과 여성을 앉혀놓고 일본 사람들이 구경하기도 했습니다. 충격적이고 비인간적인 인간 전시가 지금은 없어졌을까요? 아프리카, 아마존, 인도 등에서는 여전히 관광객들의 즐거움을 위해 관리자가 마치 오늘이 마침 성인식을 치르는 날인 것처럼 춤을 추라고 시키거나 사냥을 시키고 그래야만 먹을 것과 푼돈을 조달해주는 등 비슷한 의미의 인간 동물원은 여전히 지속되고 있습니다. 사람은 정말이지 어디까지 잔인해질 수 있는 것일까요? 이러한 역사가 다시는 되풀이되지 않도록 힘없이 사라져 간 사람들의 고통스러운 눈물을 잊지 말아야 할 것입니다.

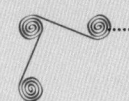
작은 유럽사 2

유령 재판 사건

1897년, 미국 웨스트 버지니아 주의 그린브리어 카운티에서 엘바 조나 히스터라는 여성이 사망했습니다. 엘바의 삶에 대해서는 그다지 알려진 것이 없는데요. 1895년에 사생아를 낳았고 1896년에는 에라스무스 스트리블링 트라우트 슈라는 남자를 만나 결혼했습니다. 이름이 특이하죠. 동네에서는 그냥 에드워드라고 불렸다고 해요.

원래 마을 사람이 아니라 외부에서 들어온 에라스무스에게 엘바는 홀랑 빠져버렸지만 엘바의 어머니인 메리 제인 히스터는 남자를 보자마자 마음에 안 든다고 선언했습니다. 자고로 어른들이 반대하는 결혼은 하는 법이 아니라지요. 그래도 알콩달콩 잘 사나 싶었는데 결혼 석 달 만인 1897년 1월, 에라스무스는 동네 꼬맹이에게 퇴근할 때 시장에서 사갈 것이 있는지 엘바에게 물어보라며 심부름을 보냈고 아이는 소소한 용돈벌이에 신이나 엘바의 집으로 뛰어갔습니다.

계단 옆 바닥에 쓰러져 있는 엘바를 발견한 아이는 '슈 부인은 바닥에서 잠을 자나봐!' 하는 생각으로 천천히 다가가 엘바를 깨우려 했습니다. 엘바가 꿈쩍도 하지 않자 그제야 기겁을 하고 놀란 아이는 재빠르게 엄마에게 달려가 사실을 알렸고 동네 의사는 1시간이 넘게 걸려서야 시신을 확인하러 도착했습니다. 아이의 증언으로는 엘바 히스터는 두 다리는 붙이고 쭉 뻗은 채로 한 손은 배에 대고 쓰러져 있었다고 했지만 의사가 도착했을 때는 이미 에라스무스가 엘바를 안아 침실로 데려가 옷을 입히고 침대에 눕혀둔 상태였습니다. 에라스무스는 엘바가 가진 옷 중 가장 좋은 옷을 입혔는데 그 옷은 아주 단단한 칼라가 달려 있는, 목을 전부 가리는 옷이었습니다. 엘바의 얼굴에는 베일을 씌워둔 에라스무스는 의사가 시신을 조사하는 동안 엘바의 머리를 끌어안고 계속 흐느껴 울었습니다.

의사가 조심스럽게 엘바의 머리와 목을 조사하려 하자 에라스무스의 얼굴은 창백해졌고 기절할 듯 통곡을 했습니다. 이토록 슬퍼하는 새신랑을 괴롭히고 싶지 않

엘바 조나 히스터.

았던 의사는 조사를 포기하고 엘바의 사망 원인을 '영원한 기절'로 적었다가 이후에 '출산'으로 수정했습니다. 당시에 수많은 여성이 임신과 출산 때 사망했기 때문에 여성의 가장 흔한 사망 원인 중 하나였기 때문이었죠. 에라스무스는 신속하게 장례식을 치렀는데 아무도 엘바의 시신에 가까이 오지 못하게 했으며 엘바의 목에 스카프를 칭칭 감아두고 이 스카프를 가장 좋아했다며 흐느꼈습니다. 엘바의 머리 주변에는 보통의 관에 들어가는 것과는 달리 베개를 한 쪽에 놓고 다른 한 쪽에는 담요를 둘둘 말아 머리를 고정시켜 놓았는데 에라스무스는 이렇게 해서라도 그녀가 "저 세상에서 편안하다면……." 하고 눈물지었죠.

하지만 새신랑의 눈물에도 불구하고 엘바의 머리는 뭔가 기묘하게 부자연스러웠습니다. 사람들은 수상쩍기는 했지만 새신랑이 저리 슬피 우니 대놓고 말하지는 못하고 뒤에서만 쑥덕거렸습니다. 게다가 에라스무스는 성격이 워낙 좋았기에 대부분의 사람들은 저리 착한 사람이 그리 끔찍한 짓을 벌였을 리가 없다며 의심도 하지 않고 있었습니다.

그런 사람들 속에서 엘바의 죽음을 진심으로 애통해하고 눈물을 쏟아내며 에

라스무스를 의심의 눈초리로 바라보는 사람이 있었으니, 바로 엘바의 어머니 메리 제인 히스터였습니다. 메리 제인 히스터는 눈물로 가득한 기도를 매일매일 했습니다. 자신의 딸이 꿈속에서라도 자신에게 돌아와 도대체 무슨 이유로 그리 젊은 나이에 죽어야만 했는지 이유를 알려달라는 것이었죠. 4주간의 절절한 기도가 하늘에 닿았던 것인지 메리 제인은 꿈속에서 딸의 유령을 봅니다.

어머니의 침대 가에 나타난 엘바는 에라스무스가 지독히도 폭력적이었다고 털어놓았다고 합니다. 사고 당일 엘바는 저녁식사로 고기 요리를 준비하지 않았다고 생각한 에라스무스가 극도로 분노하여 자신을 공격했으며 그 결과 자신의 목이 부러졌다고 말했고 엘바의 유령은 그걸 증명하기 위해 자신의 얼굴을 360도 돌렸습니다. 메리 제인은 곧바로 경찰서로 달려가 자신의 꿈과 유령 이야기를 했습니다. 경찰이 꿈 얘기를 듣고 사건을 조사하려고 든 것은 아닌 듯하며, 어차피 장례식 때 수상했다는 얘기도 있고 메리 제인이 워낙 귀찮게 구니 한 번 탐문이나 해보고 다니자 싶었던 듯합니다. 경찰이 조사를 시작하자 에라스무스를 수상하게 생각한 사람들의 증언이 봇물처럼 쏟아졌습니다.

결국 엘바가 사망한 지 한 달 만인 1897년 2월 22일, 엘바의 무덤을 파헤쳐서 경찰이 엘비를 꼼꼼히 조사했습니다. 에라스무스는 자기한테 왜 이러냐며 투덜거렸지만 조사 결과 엘바는 목이 부러지고 누군가에 의해 목이 졸려 기도가 막혀 질식사했음이 밝혀졌고 에라스무스는 그 자리에서 체포되었습니다.

에라스무스는 잡혀가며 "내가 한 것인지 증명할 수 없을 걸!"이라고 외쳤지만 그가 감옥으로 잡혀가자 에라스무스의 과거가 솔솔 밝혀지기 시작했습니다. 에라스무스는 이번이 세 번째 결혼이었고 첫 번째 부인에게 폭행을 가해 이혼당했으며 두 번째 부인은 알 수 없는 이유로 사망했던 것이었습니다. 에라스무스의 주장으로는 두 번째 부인이 길을 가다가 넘어졌는데 하필 돌에 머리를 부딪치는 바람에 사망했다고 합니다. 게다가 감옥 안에서 자기는 결혼을 일곱 번 하는 것이 인

사건이 일어난 집.

생의 목표라고 떠들어댔습니다. 그는 증거가 없으므로 자신이 곧 풀려날 것이라 자신했기 때문에 이리 입방정을 떤 것이었죠.

 재판이 시작되자 에라스무스의 변호사는 메리 제인이 꿈에서 본 얘기나 믿고 다니는 미친 여자라는 것을 보여주기 위해 엘바를 만난 이야기를 계속 물어댔습니다. 하지만 메리 제인은 어떻게 질문을 받든 똑바르고 같은 내용으로 대답했고 오히려 이는 에라스무스에게 최악으로 작용했습니다. 배심원이 큰 결정권을 가지고 있는 미국 법정에 유령 이야기를 철석같이 믿어버린 배심원이 잔뜩 있었으니 말이죠. 결국 에라스무스는 무기징역을 선고받았고 분노한 마을 사람들이 감옥으로 쳐들어오기까지 했지만 경찰의 도움으로 도망쳐 감옥에서 살다가 3년 뒤 사망했습니다.

 이후 엘바의 유령은 다시는 목격되지 않았지만 지금도 이 지역에는 엘바의 유령 이야기를 기록한 표지판이 놓여 있답니다. 이 사건은 미국 역사상 처음이자 마지막으로 유령의 증언이 살인 사건의 중요한 단서가 된 사건으로 기록되고 있습니다.

20. 자장, 자장, 우리 아기
― 우는 아기 잠재우는 시럽을 비롯한 19세기의 위험한 광고들

근대에 들어선 인류는 산업혁명과 시민사회 성립, 자본주의 등을 겪으며 현재 우리의 삶과 더욱 가까워지게 됩니다. 그렇다면 근대부터 현대에 이르기까지 우리의 삶을 좌지우지하고 자본주의를 쌩쌩 돌아가게 만드는 원동력은 무엇일까요? 신문에서부터 라디오, 텔레비전, 스마트폰에 이르기까지 다양한 매체가 발전해왔고 그 중심에는 광고가 있었습니다. 오늘날 우리는 단 하루도 광고를 보지 않고 살기 어려울 정도로 광고의 홍수 속에 살아가고 있습니다. 지금은 광고에 관한 법률도 많이 생겨서 인종차별, 성차별 등 각종 차별이나 타사를 깎아내리고 비방하는 등의 광고를 사용하지 못하도록 하고 있지만 현대와 같은 광고가 처음 등장하기 시작했을 때에는 오늘날이라면 고소장에 파묻혀 버릴 정도로 놀라운 광고들이 쏟아져 나왔습니다.

19세기, 피어스 비누 사에서 일하던 토머스 J. 배럿이 '좋은 아침! 너

피어스 비누 광고.

는 피어스 비누를 썼니?(Good Morning, Have you used Pears' soap?)'라는 광고로 놀라운 효과를 본 뒤로 수많은 광고들이 쏟아지기 시작하였습니다. 현재까지도 역사와 전통을 자랑하며 건재를 과시하고 있는 피어스 비누가 브랜드 이미지를 확고히 할 수 있도록 만들었던 토머스 J. 배럿은 그 덕분에 '현대 광고의 아버지'라고 불립니다. 하지만 피어스 비누의 '좋은 아침' 광고는 지금에 와서는 백인을 흑인보다 아름답다고 취급하는 등 인종차별적 논란에 휩싸여 있지요. 이처럼 당시에는 좋은 효과를 보거나 별 생각 없이 만들어졌던 광고들이 현재는 충격적인 경우들이 많은데요. 그중 가장 충격적이면서도 너무나 어린 희생자들을 만들어냈던 제품과 광고가 있었으니 바로 '윈슬로 부인의 아이 재우는 시럽'이었습니다.

아기들은 정말이지 다양한 이유로 칭얼대고 울지요. 말은 못하고 편안했던 엄마 뱃속에 비하면 세상만사가 다 이상하고 힘들고 불편할 테니 그 심정도 이해는 하지만 그런 아기 붙들고 밤낮이 바뀌어버린 엄마들은 미칠 노릇입니다. 배가 고프거나 쉬를 했다면 바로 해결이라도 가능하지만 도저히 알 수 없는 이유로 우는가 하면, 이가 돋아날 때 난생

19세기를 빛낸(?) 위험한 광고들.

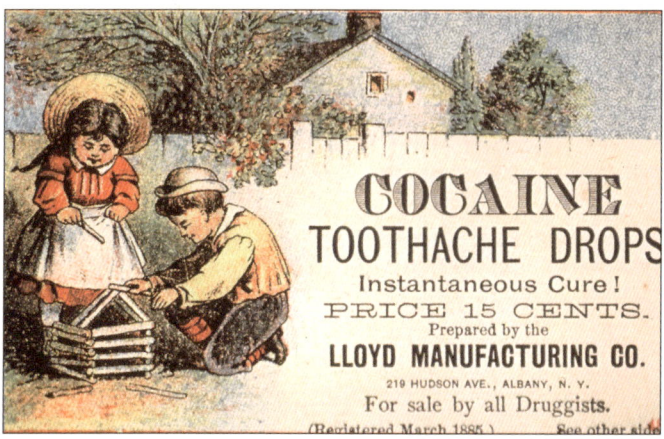

"치통에는 코카인!"

"맥주와 함께하면 즐거운 육아!"

"실수로 쏘는 것이 불가능한 리볼버! 완벽하게 안전한 이 리볼버를 딸에게 선물하세요!"

"손녀와 함께하는 맥주 타임! 어린이와 노인 모두에게 좋습니다!"

"너희 엄마는 왜 너를 비누로 안 닦아줘?"

"최근 전국적 설문 조사에 의하면 의사들은 그 어떤 담배보다 카멜 담배를 피웁니다!"

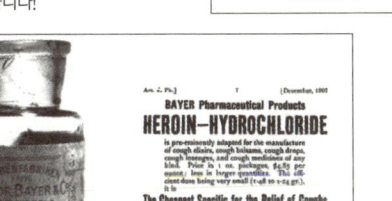

"기침을 싹 없애는 가장 간단한 방법은 헤로인이죠!"

처음 겪는 간지러움과 통증에 울기도 하죠. 요즘에야 무려(!) 스스로 흔들리는 요람부터 온갖 장난감까지 아기와 엄마를 위한 발명품들이 잔뜩 있지만 옛날에야 그런 것이 어디 있겠습니까. 아기가 울면 그저 끌어안고 토닥토닥하다가 다크 서클이 무릎까지 내려오고 창밖으론 동트는 걸 보는 수밖에요. 그렇게 몇 천 년을 고통받아온 어머니와 아기의 관계에 새로운 빛이 비추었으니 바로 19세기, 과학과 발명의 시대가 도래한 것이었습니다.

때는 1849년, 애 키우는 괴로움을 절절히 알고 있던 윈슬로 부인은 사위와 함께 약을 하나 만들어냅니다. 바로 두 달된 신생아도, 미운 5살도, 죽이고 싶다는 7살도, 모두모두 밤에는 잠 좀 자게 만들 수 있는 마법의 약이었죠! 이름하야 '윈슬로 부인의 아이 달래는 시럽!!' 광고도 휘황찬란했답니다. '엄마의 친구'라 대대적으로 광고되었던 이 제품은 별칭에 걸맞게 최고의 상품 평을 받았습니다. 젖니가 나서 밤새 투정을 부리던 아이가 마치 마법에라도 걸린 것처럼 곧바로 쌔근쌔근 잘도 잔다는 것이었죠. 이 마법 같은 시럽은 이러한 뛰어난 상품 평에 힘입어 대박이 났고, 수많은 사람들이 윈슬로 부인의 시럽을 신뢰하며 사용했습니다. 그리고 수많은 말썽꾸러기들과 끊임없이 우는 아기들이 이 시럽을 받아먹고 조용히 쌔근쌔근 잠을 잤죠.

그러나 20세기에 들어서자 점차 불명예스러운 소문이 돌기 시작합니다. 아무래도 이 시럽 때문에 갓난아기들이 죽어가는 것 같다는 소문이었죠. 엎친 데 덮친 격으로 1911년이 되자 미국의학협회는 이 약에 '아기 살인자'라는 이름을 붙이고 결코 아이에게 먹여서는 안 될 것임을 급경고하게 됩니다.

윈슬로 부인의 아기 재우는 시럽 광고. 하지만 속사정을 알고 나면 섬뜩하다.

도대체 시럽의 성분이 무엇이었기에 그런 걸까요? 시럽에는 탄산나트륨, 암모니아수와 더불어 가루 아편과 모르핀이 들어 있었습니다. 애가 괜히 정신없이 쿨쿨 잠들었던 게 아니죠. 약을 먹은 아이들의 심장박동수가 현저히 낮아졌기 때문에 아이들은 얌전하고 평온히 잠든 것처럼 보였던 것이었습니다. 그리고 그중 몇 명은 정말로 영원히 잠이 들어버렸지요. 이러한 위험성에도 불구하고 영국에서는 1930년대까지도 판매가 계속되었습니다. 위험성이 밝혀졌을 때 윈슬로 부인은 이미 사망한 뒤였으므로 처벌하려야 할 수가 없었습니다.

이러한 19세기는 실험의 시대라 헤로인, 아편, 필로폰도 그냥 팔았고 천식을 막으려면 담배를 피우라고 조언하던 무시무시한(?) 시대였기에 그 정도는 흔한 일이었죠. 어쨌건 광고는 참 예쁩니다.

21. 새하얀 웨딩드레스를 입은 여왕
— 빅토리아 여왕의 결혼이 만들어낸 새로운 전통

결혼식, 하면 어떤 이미지가 떠오르나요? 대부분의 여성은 결혼이라는 단어에서 맨 먼저 새하얀 드레스를 떠올리곤 합니다. 분명히 두 사람이 하는 결혼인데 왠지 모르게 신랑은 늘 곁다리(?) 같은 느낌이 들죠. 그만큼 백합처럼 청초하고 아름다운 신부와 새하얀 웨딩드레스, 화사한 부케와 온갖 예쁜 것들이 다 모여 있는 여성스러움의 극치를 보여주는 이벤트가 결혼식 아닐까 싶습니다.

그렇다면 우리가 결혼, 하면 떠오르는 웨딩드레스, 그것도 새하얀 웨딩드레스의 전통은 과연 언제부터 생겨났을까요? 이런 전통이 생긴 지는 생각만큼 그리 오래되지 않았답니다. 결혼식을 할 때 신부가 하얀 드레스를 입는 것은, 제목에서 보셨다시피, 영국의 빅토리아 여왕으로부터 시작되었으니까요.

물론 결혼식에 하얀 드레스를 입은 신부 자체는 빅토리아 여왕 전부터 있었습니다. 다만 그때는 좀 독특한 취향을 가진 신부들만 하얀 드레스를 입었지요. 우리나라 사람들이야 백의민족이니 하얀 옷이 전혀 특이할 것이 없었지만 서양에서 새하얀색의 고급 천으로 만드는 드레스는 정말 부자들이나 입을 수 있는 옷이었습니다.

첫 번째 남편과의 결혼식에 하얀 웨딩드레스를 입은 스코틀랜드의 여왕 메리 스튜어트.

기록상으로 알려져 있는 하얀 웨딩드레스를 입은 신부 가운데 가장 유명한 사람은 1559년에 결혼한 메리 스튜어트(1542~1587, 재위 1543~1567)입니다. 스코틀랜드 여왕이었던 메리 스튜어트는 빼어난 미모와 기구한 인생으로 유명하죠. 프랑스의 왕자와 결혼했던 메리 스튜어트는 결혼식날 백합보다 새하얀 웨딩드레스를 입었고 햇빛 아래서 찬란하게 빛났다고 합니다. 하지만 그런 아름다움이 유행이 되지 않은 것은 당시 신랑의 나라였던 프랑스에서는 흰색 옷을 검은색 옷과 마찬가지로 망자를 기릴 때 입는 관습도 있었고 앞에서도 말했듯이 하얀색 천이 정말 비쌌기 때문이었습니다.

몇 벌의 옷으로 평생 돌려 입는 사람들이 대부분이었던 그 시절, 결혼식에 입는 옷이라고 해서 예외가 될 수는 없었습니다. 흰색은 세탁도, 그리고 보관도 어려웠기 때문에 잘 사용되지 않았습니다. 그래서 검은색을 제외하고 온갖 색이 결혼식 때 사용되었습니다. 평민들은 그냥 갖고 있는 옷 중 가장 좋은 옷을 결혼식 때 입었습니다. 흰색의 경우 너무 비싸고 도드라졌기 때문에 평소에 입을 수가 없었고, 그렇기 때문에 결혼식만을 위해 옷을 사는 엄청난 호사는 오직 왕족이나 귀족들만 누릴

짙은 색 웨딩드레스를 입고 새하얀 베일을 쓴 19세기의 신부.

수 있었던 것이죠. 그와 함께 왕족과 귀족 사이에서 유행한 웨딩드레스가 흰색이 아니었던 이유는 단순합니다. 심플함을 중시하던 시절이 아니었기 때문이었죠. 왕족과 귀족 사이에서는 백이면 백, 모두 정략결혼이었고 집안의 부를 과시하고 힘을 보여줄 수 있는 것 중 하나가 의상이었기에 무조건 화려하고 무조건 사치스럽게 보이는 것을 손쉽게 성취하는 데 흰색은 그리 큰 도움이 되질 않았습니다. 19세기에 와서도 신부는 이런 어두운 색을 입는 경우들이 많았습니다.

참고로 웨딩드레스의 새하얀 색은 신부의 순결함을 상징하는 것이 아닙니다. 웨딩드레스 색깔 자체는 아무것도 상징하지 않아요. 신부가 순결한 처녀임을 상징하는 것은 오히려 머리에 쓰는 베일입니다. 위의 사진만 봐도 신부가 짙은 색 드레스를 입고 새하얀 베일을 쓴 것을 볼

선망의 커플이었던 빅토리아와 앨버트의 결혼은 수많은 사람들의 축복을 받았다. 화가 조지 헤이터가 1840~1842년에 그린 그림이다.

수 있습니다. 흰색을 안 입는다면 어떤 색이 인기가 많았을까요? 색이라는 것이 각 국가마다 상징하는 의미가 달랐기 때문에 나라별로 유행이 달랐습니다. 1권에 나온 헨리 8세 이야기에서도 헨리랑 앤 불린이 캐서린의 장례식에 노란색 옷을 입고 갔는데 그게 센스냐 악취미냐를 두고 이러쿵저러쿵 말이 많았다고 했던 것을 기억하시나요? 여러 가지 색 가운데 붉은색이 가장 인기가 좋았다고 합니다.

    이런 유행을 단숨에 뒤바꿔버린 것이 빅토리아 여왕의 결혼식이었습니다. 18살에 영국 여왕이 된 빅토리아(1819~1901, 재위 1837~1901)는 1840년에 앨버트 공과 결혼을 합니다. 역사 속 러브 스토리하면 늘상 등장하곤 하는 '빅토리아 & 앨버트'가 만들어지는 순간이었죠. 그 행복으로 가득한 날, 빅토리아는 새하얀 드레스를 입습니다. 일반적으로 외국에서 정략결혼을 하러 오는 다른 공주들과는 달리 자신의 왕국에서 결혼을 하는 여왕님이었던 빅토리아에게는 부를 과시하는 것보다 자국의 산업을 발전시키는 것이 더 중요했습니다. 그래서 빅토리아는 런던에서 만들어진 새하얀 실크 위에 호니턴 지방의 레

빅토리아 여왕의 웨딩 패션.

이스를 올려 눈이 부시도록 화사한, 가슴이 깊이 패이고 5미터가 넘는 긴 치맛자락의 새하얀 웨딩드레스를 만들어낸 것이었습니다.

　빅토리아 여왕의 의상을 꼼꼼히 뜯어봅시다. 완전히 하얗지는 않은 크림색 새틴 드레스에 굉장히 많은 레이스가 달려 있고 보석은 적은 것을 볼 수 있습니다. 다이아몬드 귀걸이와 목걸이, 사파이어 브로치 하나 정도로, 여왕의 웨딩드레스치고는 소박한 장식을 했습니다. 머리의 오렌지꽃은 자손을 많이 낳고 번성할 것을 상징했습니다. 당시 남들은 형형색색의 휘황찬란한 드레스를 입었는데 빅토리아는 하얀 드레스를 입었기 때문에 '아무리 그래도 명색이 여왕인데 모피도 두르고 보석도 걸치고 왕관도 써줘야지, 너무 수수하다'며 비판도 많이 받았습니다. 아름다운 여왕님의 촌스러운(?) 드레스는 그렇게 그림으로 그려져 결

빅토리아 & 앨버트

혼식 후에 전 유럽으로 퍼져 나가게 됩니다. 여왕님의 결혼식이 있은 후 약 15년이 흐르자 빅토리아 여왕의 하얀 웨딩드레스는 서서히 '전통'으로 받아들여지게 됩니다. 빅토리아 여왕의 딸인 비아트리스 공주와 빅토리아 여왕의 며느리이자 러시아 황제 알렉산드르 2세의 딸인 알렉산드라 황녀도 하얀색 드레스를 입으면서 '새하얀 웨딩드레스'는 공주님들이 입는 웨딩드레스의 상징이 되었고, 이것은 모든 여성의 로망이 되었습니다. 산업이 발달하면서 흰 옷감을 더욱 쉽게 얻을 수 있었던 점도 물론 도움이 되었지요.

그렇게 새하얀 웨딩드레스가 유행하고 많은 공주들이 빅토리아 여왕과 비슷한 드레스를 입으면서 빅토리아의 웨딩드레스처럼 드레스를 만들고 나풀나풀한 레이스를 다는 것이 큰 인기를 끌었습니다. 그리고 그 후로 새하얀 웨딩드레스와 하얀 레이스는 당연한 것으로 받아들여지게 되었습니다. 요즘은 드레스가 아주 다양해졌지만 1970~1980년대만 해도 웨딩드레스는 무조건 치렁치렁한 레이스가 달리고 새하얀 것으로, 빅토리아 여왕의 드레스와 별반 다르지 않은 형태였습니다. 새하얀 웨딩드레스 전통은 생긴 지 200년도 채 되지 않았지만 앞으로 적어도 몇 백 년은 지속되지 않을까 싶네요.

빅토리아 여왕의 며느리인 알렉산드라 황녀도 시어머니와 마찬가지로 새하얀 웨딩드레스를 입었다.

22. 말괄량이, 네 멋대로 해라!
– 소설 「위대한 개츠비」의 시대를 활보한 1920년대 미국의 신여성

미국은 21세기에도 G2 국가 가운데 하나로 세계 최고의 국력을 자랑하고 있지만 '우리야말로 진정한 세계 최고'라며 자부심이 폭발하던 시기가 있었으니 1920년대가 그때입니다. 이 시기는 '광란의 20년대(Roaring Twenties)'라고 불리는데, 직역하면 '포효하는 20년대'이니 미국 사람들의 활기와 자신감이 철철 넘치던 시기입니다.

과거 영국에서 독립했던 미국은 유럽의 간섭에서 벗어나기 위해 먼로주의를 내세웠습니다. 먼로주의란 한마디로, 미국도 유럽에 간섭하지 않을 테니 유럽도 미국에 간섭하지 말라는 것이며 미대륙을 식민지화하려고 하지 않으면 미국은 유럽이 어디서 전쟁을 벌이든 끼어들지 않겠다는 것이었죠. 그렇게 중립을 선언한 뒤 미국은 국제 무대에 나서지 않고 홀로 열심히 발전을 하고 있었습니다. 그러던 와중에 제1차 세계대전이 벌어졌고 중립국임을 내세워 군수물품을 열심히 팔던 미국은

금주법 때문에 술을 전부 내다버리는 것을 보며 애주가들의 속은 얼마나 타들어갔을까?

전쟁에 참여할 생각이 없었지만 독일 잠수함이 영국 해협을 지나는 선박들을 격침시키면서 미국도 여러 차례 피해를 입게 됩니다. 그래서 결국 미국도 독일에 전쟁을 선포하게 되었죠. 제1차 세계대전이 끝나고 독일은 쥐도 굶어 죽을 정도로 폭삭 망했지만 미국은 경제적 부와 국제사회에서의 입지를 얻으며 화려하게 떠오릅니다.

1918년에 제1차 세계대전이 끝나고 1920년대가 도래하자 미국은 엄청난 부를 누리기 시작했습니다. 물론 모두가 잘 먹고 잘 살았던 것은 아니고 소수의 상류층이 잘 살게 된 것이었지만 그들이 정말 제대로 잘 놀아버릴 수 있게 되었기 때문에 파티 문화가 자리를 잡으면서 소비와 향락 문화가 주를 이루게 됩니다. 미국의 1920년대는 미국 문화와 세계사에 큰 영향을 미쳤기 때문에 1920년대에 일어난 일들은 다른 시기를

술이 없는 삶이 끔찍했던 모양인지 결국 술을 달라고 시위를 하고 있다.

몇 개 합친 것보다 할 말이 많습니다.

제1차 세계 대전이 끝나자 미국 병사들은 두둑해진(?) 주머니를 두드리며 금의환향했고 이제 한 번 제대로 행복하게 살아보자는 마음으로 벌어들인 돈을 흥청망청 쓰기 시작합니다. 돈만 팡팡 쓰는 것이 아니라 일자리에 복귀하자 미국 경제는 하늘 높은 줄 모르고 치솟으며 성장했고 의식주에 필요한 돈만 겨우 쓰는 것이 아니라 사치를 위해 쓸 만큼 돈이 모이자 라디오 등을 통한 광고 산업도 발전하기 시작합니다.

자동차를 굴리고 라디오를 들으며 영화를 보러 가는 여흥이 1920년대에 시작되었고 거리에서는 재즈가 흘러나오기 시작했습니다. 자욱한 담배 연기 속에서 사람들은 춤을 추고 술을 퍼부었죠. '어?! 술이라고?' 하는 분들이 계실 수도 있겠습니다. 현재까지도 우리가 생각하는 것보다 훨씬 보수적인 미국은 청교도가 세운 나라라고 봐도 무방하기에 과거에는 더욱 보수적이었는데 술이야말로 가정 폭력, 사회 무질서, 게으름의 원인이라는 주장과 맥주 만드는 독일인들이 싫다는 유치한 반감 때문에 1919년 금주법이 시행되었습니다. 하지만 술 먹지 말라 한다고 진짜로 술을 안 먹으면 그곳이 바로 파라다이스겠죠.

덕분에 1920년대 미국의 암흑가를 호령했던 유명한 갱단 두목인 알 카포네가 등장했고 사람들은 요즘 마약을 몰래 들여오듯 술을 밀수하며 암시장만 배를 불려주게 되었습니다. 때문에 이 시기를 '무법의 10년'이라고도 부르며 당연히 무허가인 술집들이 우후죽순으로 생겨났습니다. 서로 술을 차지하기 위해 갱단들끼리 어마어마하게 싸우고 범죄를 저질렀죠.

이런 범죄 조직들이 활개치던 1920년대에 나쁜 조직, 하면 빼놓을 수 없는 것이 KKK단이죠. 인종차별의 대명사격인 KKK단은 쿠 클럭스 클랜(Ku Klux Klan)의 줄임말로서 '백인 최고! 흑인 죽어라! 이민자랑 유대인 꺼져!'를 외치던 집단입니다. 희한하게 생긴 옷을 입고 돌아다녔는데 자기들 하는 짓이 나쁜 짓이란 건 알았는지 두건 따위를 뒤집어서서 얼굴을 죄다 가리는 경우들이 많았습니다. 아무 죄 없는 흑인들에게 린치를 가해 나무에 매달아놓고 폭행하는가 하면 화형을 시키기도 했습니다.

특히 흑인 남성들에게 백인 여성을 강간했다는 누명을 씌워 살해하는 사건이 자주 일어났습니다. 1882년부터 1968년까지 알려진 린치 사건만 해도 4,743건입니다. 공식적으로 알려지지 않은 린치 사건이 훨씬 더 많았을 테니 이 시기의 비(非) 백인들에게 KKK단은 정말 공포의 대

1920년대 KKK단의 모습. 자유로운 나라를 꿈꾸며 시작된 미국에서 타인의 자유를 무시하는 그들의 모습이 모순적이다.

상이었을 것입니다. KKK단은 흑인만 증오하는 것이 아니라 백인이 아니면 전부 싫어합니다. 사실 그들의 백인에 대한 정의가 궁금해요. 요즘은 완전한 백인이 아닌 경우도 참 많은데 말이죠. KKK단은 오늘날까지도 사라지지 않고 백인 기독교 국가를 건설하자고 외치고 있습니다.

이렇게 무시받고 천대받은 흑인들은 깊은 한을 품게 되었고 그들의 이러한 한은 음악과 문학 등 예술로 승화합니다. 그렇게 흑인들의 문학인 '할렘 르네상스'가 등장하고 이 시기의 대표적인 작가는 랭스턴 휴즈입니다. 흑인 작가들은 글을 통해 자신들의 삶과 흑인 미국인으로서 살아가는 것이 어떠한지를 절절히 알렸고 KKK단과는 달리 생각이 트인 백인 작가들의 지지도 많이 받았습니다. 이 시기라고 KKK단처럼 이상한 애들만 있던 것은 아니니까요. 흑인을 백인과 같이 공평하게 대우해야 한다는 주장을 하고 운동을 한 이들도 많이 있었습니다. 그리고 그중 많은 수가 KKK단에 의해 살해 또는 실종되었습니다(아마도 살해당했으리라 짐작됩니다).

1920년대에 소비가 늘어나면서 스포츠도 발전하기 시작했는데 야구계에서는 그 유명

할렘 르네상스를 대표하는 시인 랭스턴 휴즈.

한, 야구 잘 안 보는 사람도 이름은 들어본 베이브 루스가 대대적인 인기를 끌었습니다. 미국에서 인기가 가장 많았던 야구 선수로, 그 때문에 야구 선수가 되고 싶어 한 아이들이 어마어마하게 많아졌죠. 1980년대 농구계에 마이클 조던이 있었다면 1920년대 야구계에는 베이브 루스가 있습니다.

이렇게 빠르게 성장하고 있는 미국에서 다들 흥청망청 부어라 마셔라 놀기 시작하면서 새로운 타입의 여성들이 등장하기 시작했습니다. 여성의 투표권을 주장하고 여성을 하나의 주체로 봐달라 요구하는 시대에 맞추어 등장한 그녀들은 그때까지의 여성들과는 완전히 다른 모습을 하고 있었죠.

그녀들은 짧은 치마를 입고 머리도 짧게 자르고 실루엣이 그다지 드러나지 않는 옷을 입고 재즈를 들으며 담배를 피웠습니다. 연애를 가볍

여배우 루이즈 브룩스. 이것이 플래퍼 패션!

게 즐겼고 진한 화장을 했으며 술을 거부하지 않았죠. 1920년대 모든 여성이 이런 식이었던 것은 아니었지만 '세상에, 이런 망측한 일이!' 하며 기겁을 하는 기성 세대의 반응에 아랑곳하지 않았던 이들은 '플래퍼(flapper)'라고 불리며 1920년대 미국의 신여성을 대표하는 아이콘으로 자리 잡게 되었습니다.

'플래퍼'라는 말이 어디에서 유래했느냐에 대해서는 여러 주장이 있습니다. 아기 새가 날기 위해 날개를 팔락이는(flap) 것, 또는 아직 결혼하지 않은 처녀들이 머리를 내려 머리가 등 뒤에서 찰랑거리는 것을 뜻한다는 주장이 있습니다만 사실 플래퍼는 아무래도…… 역사 속에서 계속 매춘부를 뜻해왔고 1920년대의 플래퍼들이 자유 연애를 즐기며 하룻밤 불장난을 아무렇지 않게 받아들이곤 했기에 플래퍼는 아기 새의 날갯짓보다는 매춘부에 가까운 뜻이라고도 합니다.

1901년까지 지속되었던 빅토리아 여왕의 시대를 기억하시나요? 그 시절에는 피아노 다리까지 망측하다며 천으로 가려댔고 여성은 집에 가만히 들어앉아 남편을 위해 맛있는 음식을 대령하고 아이들을 키우는 것이 올바른 것이라는 인식이 팽배했습니다. 남자와 눈도 제대로 마주치지 못하는 여자를 본받을 만하다고 여기던 사회에 혜성처럼 등장한 플래퍼는 가히 충격적이었습니다.

빅토리아 시대의 여성들은 무려 18미터가 넘는 옷감을 사용해서 옷을 만들어 입었고 발목을 드러내는 것도 어려워했던 데에 비해 플래퍼들은 무릎에서 고작 2.5센티미터 정도 내려온 아주 가벼운 옷을 입었고 가슴도 많이 드러냈죠. 간혹 바람이라도 불면 가벼운 플래퍼 드레스는 팔락이며 무려(!) 무릎이 드러나기도 했습니다. 그녀들은 코르셋을 버

1928년 영화 「우리의 춤추는 딸들Our Dancing Daughters」에 나온 플래퍼들의 모습. 플래퍼의 대표적인 이미지를 보여주고 있다. 가운데 있는 여성은 대표적인 플래퍼 여배우인 조앤 크로포드다.

리고 브래지어를 착용했고 향수를 뿌렸으며 립스틱을 바르고 마스카라를 칠했습니다. 하이힐을 신고 나쁜 일이란 나쁜 일에는 모두 도전하며 까르르 웃고 다녔죠.

사실 여성들의 이러한 변화가 예견되지 않은 것은 아니었습니다. 전쟁이 일어나기 전이야 여성들은 지금까지 어머니와 할머니가 했던 대로 살았으나 전쟁이 나서 남자들이 모두 전쟁터에 가버리자 여성들이 나가서 일을 해야 했고 그럼으로써 노동의 대가로 돈을 버는 즐거움도 알게 되었죠. 내가 번 돈 내가 쓰는 즐거움을 알게 되자 더 이상 남편이 때려도 맞고 욕해도 꾹 참기만 하던 지고지순한 여성으로 돌아갈 수 없게 되었습니다.

이제 유럽 및 신대륙의 여성들은 투표권을 주장했고 미국 여성들은 영국보다도 먼저 투표권(참정권)을 얻어내는 기염을 토하기도 하였습니다. 새로운 시대에 더 이상 2인자로 살고 싶지 않았던 여성들이 남성과 동등해지기 위해 여성 인권 운동을 벌이게 된 것이었습니다. 게다가 여성들은 예전처럼 집에 앉아 남자가 자기를 선택해주기를 기다릴 수 없었습니다. 제1차 세계대전은 그 시기 유럽과 미국의 수많은 청년들을 삼켜버렸고 결혼할 만큼 많은 남자들이 더 이상 남아 있지 않다는 것을 깨달은 여성들은 그냥 삶을 즐기기로 합니다. 그 상황에서 플래퍼가 등장한 것은 당연한 수순이겠죠.

"도대체 요즘 여자애들은 뭐가 문제라니?"

아빠가 계속 물었다.

"머리에 기름칠한 남자 아이들이 뭘 원하는 건지 정말 모르는 거니? 계속 그렇게 실크 스타킹 속 다리를 드러내고 무릎을 훤히 내보이고 치마는 너무 짧아서 바람만 살짝 불어도 상상의 여지가 없이 다 보여주면 무슨 일이 일어날지 모르는 거니?"

1920년대의 아이콘, F. 스콧과 젤다 피츠제럴드.

"하지만 아빠 요즘은 다 그렇게 입어요."

앤이 대답했다.

"나랑 어니스틴 빼고는 전부 그렇게 입는다고요. 우리는 이상한 애들 취급 받아요. 전부 다 그렇게 입으면 남자애들은 그런 걸 모른다고요."

― 「열두 명의 웬수들」에서 주16

영화화되기도 한 소설 「열두 명의 웬수들 Cheaper by the Dozen」(1948)에서 1920년대를 회상하는 말을 보면 10대 여자 아이들이 모두 플래퍼 패션을 따라하기 시작했음을 알 수 있습니다. 이처럼 갑자기 붐이 일어난 원인 가운데 하나로 소설 「위대한 개츠비」(1925)의 작가 피츠제럴드를 들 수 있습니다.

우리나라에서도 TV와 영화의 시대가 도래하기 전에는 작가나 시인

플래퍼를 겨냥한 광고들. "담배는 살이 안 찌니 간식 먹지 말고 담배를 피우세요."(왼쪽) "진정한 플래퍼라면 모자까지 완벽해야!"(오른쪽).

들을 아이돌처럼 숭배했듯이, 「위대한 개츠비」로 유명한 쓴 F. 스콧 피츠제럴드와 그의 부인 젤다 피츠제럴드는 당대의 스타였습니다.

피츠제럴드는 자신의 소설 「위대한 개츠비」에서 플래퍼의 화려한 삶을 보여주었고 그 역시 그렇게 살았습니다. 젤다는 남편인 스콧이 그녀를 '미국 최초의 플래퍼'라고 칭하면서 가장 이상적인 플래퍼로 사랑받기도 했죠. 젤다 피츠제럴드는 당시 최고 부자였던 아버지 밑에서 아주 자유분방하게 살았고 하고 싶은 것은 뭐든 하고 살았습니다. 피츠제럴드는 완벽한 플래퍼를 "사랑스럽고 사치스러운 열아홉"이라고 묘사했습니다.

이렇듯 쾌락을 추구하는 여성상이 인기를 끌면서 젊은이들의 문화가 바뀌기 시작합니다. 이전에는 남성과 여성이 딱 떨어져서 유흥을 즐겼

"머리끝부터 발끝까지 완벽해야 진짜 플래퍼!"(왼쪽) "플래퍼가 되는 데는 얼마가 들까요?"(오른쪽) 머리끝에서 발끝까지 완벽한 플래퍼가 되려면 과연 얼마가 들었을까?

다면 이제 남녀가 뒤섞이기 시작했고 그들은 함께 춤을 추며 서로를 조금씩 터치하기 시작했죠. 이렇게 클럽 문화가 탄생하며 도시의 밤이 소란스러워지기 시작합니다. 이처럼 플래퍼가 새로운 여성의 모습으로 떠오르며 흥청망청 삶을 즐기기 시작하자 이들을 겨냥한 광고 산업도 성장하기 시작합니다. 이 시절의 광고를 보면 광고업이 갓 시작된 시기인지라 온갖 차별과 과장과 위험성을 전혀 고려하지 않아서 오늘날 우리가 보기에는 어처구니 없는 광고가 많답니다.

진주 목걸이를 목에 걸고 짧은 머리카락을 찰랑이며 남자들과 어울려 춤을 추던 플래퍼의 찬란한 시절은 영원할 것 같았지만 1929년 미국의 경제 붕괴와 더불어 모든 것이 무너져 내리고 맙니다. 지나치게 쾌락만을 추구했던 미국은 정신적으로 빈곤하다는 비판을 받았는데 그것

1930년대의 미국 여성. 미국 대공황기의 사진작가 도로디어 랭이 찍은 1930년대를 대표하는 사진. 앞의 1920년대 여성들과 많은 차이를 보인다.

이 10년을 가자 정신뿐만 아니라 육체까지 빈곤해졌죠. 너무나 행복하고 즐겁게 살고 있었던 미국인들은 1929년 10월 24일 뉴욕의 주식 시장이 대폭락하며 전 세계로 퍼져나간 대공황을 통해 끝도 없이 추락하게 됩니다. 더 이상 파티는 없었고 파티에 들일 돈이 있다면 굶주린 창자에 음식부터 넣어야 했습니다.

이는 1920년대에 빈부 격차가 너무나 커졌기 때문에 상품을 소비하는 이들의 수가 줄어들었고 결국 기업은 생겨나는데 소비자는 적어져 많은 손실을 보는 것을 시작으로 기업들은 손해를 보기 싫으니 노동자들을 해고하고 노동자들은 해고되니 돈이 없어 소비를 못하고 그럼 물건이 더 안 팔리고 정부는 놀라서 유럽에 빌려준 돈 내놓으라고 압박하고 유럽은 돈 돌려주려다보니 자국 경제가 무너지면서 결국은 다 함께 망하게 된 것이었습니다.

이로부터 미친 듯이 놀아제낀 1920년대의 황금시대가 끝나고 1930년대, 그 유명한 대공황의 시대가 도래했습니다. 바로 이 대공황 때문에 제2차 세계대전이 벌어지게 됩니다. 미국에서는 뉴딜 정책을 앞세우며 정부에서 일자리를 주기 위해 대규모 국가사업을 벌여 실직자를 구제하려 했고 영국과 프랑스 같은 나라는 식민지를 압박하며 살아보겠다고 발버둥쳤습니다. 그리고 독일에선……, 바로 히틀러가 등장했죠.

1920년대 미국 문학을 대표하는 작품은 누가 뭐래도 「위대한 개츠비」입니다. 같은 시기에 집필된 어니스트 헤밍웨이의 「태양은 다시 떠오른다」(1926)도 읽어보면 좋은 책입니다. 피츠제럴드는 단편집으로 『말괄량이와 철학자들 Flappers and philosophers』(1920)을 발표하기도 했으니 궁금하면 읽어봐도 좋을 것 같아요.

1930년대는 존 스타인벡의 소설 「분노의 포도」(1939)가 대표적입니다. 대공황의 빈곤함에 대한 역사책을 읽기가 싫다면 「분노의 포도」를 읽어보세요. 「분노의 포도」는 역사적 사실과 소설적 재미가 적절히 배합되어 있어 지식과 감동을 동시에 얻을 수 있답니다.

그렇게 잠시 잠깐 동안의 즐거웠던 시절이 끝나면서 플래퍼는 역사 속으로 사라졌지만 자기 자신의 즐거움을 가장 중시했던 그들의 정신은 살아남아 패션으로 재해석되는 등 오늘날에도 여전히 사랑받고 있습니다.

작은 유럽사 3

악마같은 독재자의 소녀같은 입맛

아돌프 히틀러(1889~1945)!
1차 세계대전이 끝나고 이보다 더 망할 수는 없는 수준으로 주저앉은 독일에 혜성같이 나타나 천재적인 언변으로 독일인들을 홀리더니 세계를 다시 한 번 끔찍한 전쟁의 구렁텅이로 밀어 넣었던 히틀러는 유대인을 비롯하여 여러 인종의 '청소'를 위해 셀 수도 없이 많은 사람들을 학살한, 인류 역사상 두번 다시 존재해서는 안 될 살인마이자 독재자입니다. 전세계를 호령하고자 꿈을 품었던 지도자는 많았지만 히틀러처럼 자신의 광기를 제대로 실현시킨 이도 없었습니다.

그런데 히틀러의 명령을 받고 휘하의 부하들이 수십 수백만의 사람들을 학살하고 있는 동안 정작 히틀러는 어떤 즐거움을 누리고 있었을까요? 여자? 도박? 술? 우리가 일반적으로 상상하는 독재자의 사생활과는 달리 히틀러는 말년에는 채식주의자가 되는가 하면 달달한 디저트들을 무척 좋아하여 늘 사탕을 입에 달고 다녔습니다.

살인마 주제에 안 어울리게 채식주의자가 된 이유라면 히틀러는 보통 권력자들이 좋아하는 늑대, 사자, 개뿐만 아니라 동물들을 워낙 아껴서 사냥도 질색하고 불쌍한 동물들을 위해 채식을 했다고 합니다. 그 동정심의 0.1%만이라도 사람한테 써줬더라면 오늘날의 히틀러는 존재하지 않았겠죠?

히틀러와는 눈곱만큼도 공통점을 갖고 싶지 않은 채식주의자들의 반발 때문에 히틀러가 채식주의자다, 아니다, 하는 문제는 지금까지도 논란의 대상이지만 여

히틀러가 가장 좋아했던 디저트 에클레르(왼쪽)와 스트루델(오른쪽). 에클레르는 바삭한 빵을 반으로 갈라 위에 초콜릿을 바르고 속을 크림으로 채우는 것이 일반적인데 히틀러를 위한 맞춤 에클레르 위에는 작은 나치 문양을 장식으로 뿌렸다고 한다. 스트루델은 겹겹이 층이 진 페이스트리에 속에 원래는 사과를 넣고 말아서 구운 오스트리아의 궁중 디저트인데 요즘은 딸기를 넣기도 한다. 일반적으로 크림이나 아이스크림과 곁들여 먹는다.

기서는 채식이 아니라 그토록 좋아했다는 사탕과 디저트 이야기를 해봅니다.

 달콤한 간식들을 너무너무 좋아한 히틀러는 늘 입에 파이, 케이크, 사탕, 아이스크림을 물고 다녔는데 손님들이 저녁을 먹으러 놀러오면 매우 기뻐하면서 손님들에게 디저트로 아이스크림을 잔뜩 담아주었다고 합니다. 히틀러는 술도 별로 좋아하지 않았지만 술을 마시면 너무 써서 못 마시겠다며 레드 와인에도 설탕을 쏟아붓는가 하면 하루에 1킬로그램에 달하는 초콜릿을 폭풍흡입하기도 하여 히틀러를 만나러 오는 사람들은 선물로 초콜릿이나 사탕 한 상자씩을 가져오는 것이 필수였다고 합니다.

 그중에서도 히틀러가 가장 좋아한 디저트는 에클레르와 스트루델이었다고 합니다. 바삭하면서도 달콤하고 베어물면 크림이나 과즙이 가득한 디저트들을 제일 좋아한 모양이죠. 옆에서 해달라고 하면 아무 때나 해주는 요리사까지 있으니 죽을 때 뚱뚱해지지 않은 것이 신기할 지경이지요. 자신 때문에 사람들이 굶어 죽어가는 상황에 편히 앉아 이렇게 맛있는 것들만 먹어댔으니 당연히 치아가 상하기 시작했습니다. 권력자의 치아 건강이라 하니 왠지 1권에서 이야기한 루이 14세가 떠오르네요.

치아는 속절없이 썩어들어가는 상황에서 능력 있는 치과의사 아무나 다 부릴 수 있는 히틀러였지만 그는 평생 동안 치통에 시달렸습니다. 왜냐구요? 세상 무서울 것이 없이 유럽 대륙을 호령했던 히틀러에게도 단 한 가지 무서운 것이 있었으니, 그것은 바로 치과였습니다. 치과 안 무서운 사람이 어디 있겠습니까만 치과를 유별나게도 무서워했던 히틀러에게도 능력 있는 치과 전문 주치의가 있었습니다. 그는 스스로 자신이 히틀러의 주치의가 되었다는 사실을 매우 자랑스러워했지만 히틀러는 사탕은 쪽쪽 빨면서도 치과는 잘 찾지 않았습니다.

히틀러를 검진한 주치의는 깜짝 놀랐습니다. 치아 중에 제 기능을 하고 있는 것들은 죄다 누렇고 흔들리고 있었고 충치 치료를 한 것들은 부분부분 깨져 있었으며 충치가 가득했죠. 옛날 옛적에 받았던 브리지 치료가 오래되어 음식물 찌꺼기가 끼기도 했기에 주치의는 히틀러의 치아 치료를 향한 의욕을 불태웠습니다. 하지만 정작 환자는 몇 개월에 걸쳐 다 치료해야 한다는 소리에 뚱한 표정만을 지을 뿐이었죠. 어쩔 수 없이 아주 간단한 근관 치료부터 받아야 했던 히틀러는 치아를 치료하며 찾아올 고통이 너무 무서워 무려 8일에 걸쳐서 치료를 받았습니다. 어휴~, 가스실에 한번 넣어줘봐야 엄살을 안 부렸을 텐데 말이죠.

이토록 치과 치료를 무서워하니 당연히 히틀러의 치아는 주야장천 썩어들어갔고 그 결과 입 냄새가 아주 지독해지고 잇몸은 다 상해서 내려앉았으며, 치아 농양에다, 아주 입 안이 야단이 났다고 합니다. 그럼에도 불구하고 주치의가 정기 검진을 위해 치과에 오라고 하면 늘 '아, 그날은, 내가 좀 바빠서…….' 하며 피하기

자다가도 벌떡 일어날 만큼 지독한 치통으로 고생했다는 히틀러. 그러나 자신 때문에 죽어간 수많은 무고한 사람들의 처절한 고통에 비하면 치통쯤이야 새발의 피만도 못한 고통 아닐까.

일쑤였고 야밤에 허겁지겁 주치의를 부를 경우는 치통이 너무나 심해 바닥을 데굴데굴 구를 때뿐이었습니다.

히틀러의 디저트 담당 요리사의 증언에 따르면 마지막으로 숨어 있던 피난처에서까지도 디저트를 만들어 달라고 시켰다니, 설탕에 중독되면 약도 없나 봅니다. 지독하게 상한 치아를 가지고 있었다는 사실은 온 동네에 유명했기 때문에 히틀러가 자살한 후 신원 확인을 위해 히틀러의 치아 상태를 아는 사람을 찾아 나서기도 했습니다. 물론, '죽은 사람이 진짜 히틀러냐', '아니다, 1944년에 이미 암살당했고 대타가 히틀러 노릇했다' 등등 음모론도 있지요.

잠이 많아 아침 11시에 느지막이 일어나 밥 먹고 또 낮잠을 잤다는 히틀러가 젊었을 때는 화가가 되고 싶었다거나 강아지를 키우며 즐거워했다거나 사랑하는 여자가 있었다거나 에클레르를 먹으며 즐거워했던 것들을 볼수록 히틀러도 단지 한 명의 사람임을 느끼게 됩니다. 그리고 그와 함께 그가 저지른 수많은 악행을 보며 어찌 한 인간이 그처럼 악마 같을 수가 있는지 다시 한 번 경악하게 됩니다.

다시는 제2, 제3의 히틀러가 나오지 않기를 바라면서 이번 이야기 끝!

각주

주1 : 레오나르도 다 빈치, 『레오나르도 다 빈치, 한 천재의 은밀한 취미』, 김현철 옮김, 책이있는 마을, 2002, 19쪽.

주2 : 레오나르도 다 빈치, 『레오나르도 다 빈치, 한 천재의 은밀한 취미』, 김현철 옮김, 책이있는 마을, 2002, 35쪽.

주3 : Kohn, George, Encyclopedia of Plague and Pestilence: From Ancient Times to the Present, New York: Infobase Publishing, 2007, P. 106

주4 : Howe, Elizabeth, The First English Actresses: Women and Drama, 1660-1700, Cambridge: Cambridge University Press, 1992, P. 67

주5 : Mahan, J. Alexander, Maria Theresa Of Austria, London: Read Books Ltd, 2007, P. 38

주6 : Mahan, J. Alexander, Maria Theresa Of Austria, London: Read Books Ltd, 2007, P. 265

주7 : Vovk, Justin C. , In Destiny's Hands: Five Tragic Rulers, Children of Maria Theresa, Bloomington: iUniverse, 2010, P. 8

주8 : Fraser, Antonia, Marie Antoinette, Hachette: UK, 2010, P. 551

주9 : Vovk, Justin C. , In Destiny's Hands: Five Tragic Rulers, Children of Maria Theresa, Bloomington: iUniverse, 2010, P. 11

주10 : Mahan, J. Alexander, Maria Theresa Of Austria, London: Read Books Ltd, 2007, P. 270

주11 : 다닐로프·코술리나, 『러시아 역사』, 문영식 엮어 옮김, 신아사, 2009, 293쪽.

주12 : 클로드 달렌, 『처음 만나는 외과학의 역사』, 김병욱 옮김, 파피에, 2009, 72쪽.

주13 : Shelley, Mary Wollstonecraft, Frankenstein, Rockville: Arc Manor, 2009, P. 10~11

주14 : Sisa, Stephan, The Spirit of Hungary: A Panorama of Hungarian History and Culture, Millington: Vista Court Books, 1995, p. 171

주15 : 찰스 슬랙, 『헤티 월스트리트의 마녀』, 권혁정 옮김, 나무이야기, 2008, 224쪽.

주16 : Gilbreth JR, Frank B. , Cheaper by the Dozen, New York: Thomas Y. Crowell Co. , 1948, P. 197

참고문헌

나종일, 『영국의 역사』하, 한울아카데미, 2009.

다닐로프·코술리나 『러시아 역사』, 문영식 엮어 옮김, 신아사, 2009.

레오나르도 다 빈치, 『레오나르도 다 빈치, 한 천재의 은밀한 취미』, 김현철 옮김, 책이있는마을, 2002.

레이철 홈스, 『사르키 바트만』, 이석호 옮김, 문학동네, 2011.

리라 페터, 『불멸의 여성 100』, 유영미 옮김, 생각의 나무, 2006.
리처드 D. 앨틱, 『빅토리아 시대의 사람들과 사상』, 이미애 옮김, 아카넷, 2011.
바이하이진, 『여왕의 시대』, 김문주 옮김, 미래의창, 2013.
비비안 그린, 『권력과 광기』, 채은진 옮김, 말글빛냄, 2005.
셸던 와츠, 『전염병과 역사』, 태경섭 외 1명 옮김, 모티브북, 2009.
윤선자, 『이야기 프랑스사』, 청아출판사, 2006.
윌 커피, 『역사책이 가르쳐주지 않는 제왕들의 사생활』, 남기철 옮김, 이숲, 2013.
이상현, 『역사 속 사랑 이야기』, 세종대학교 출판부, 2005.
재레드 다이아몬드, 『총, 균, 쇠』, 김진준 옮김, 문학사상사, 2005.
주레 피오릴로, 『사생아, 그 위대한 반전의 역사』, 이미숙 옮김, 2011.
찰스 슬랙, 『헤티 월스트리트의 마녀』, 권혁정 옮김, 나무이야기, 2008.
캐럴리 에릭슨, 『내가 여왕이다』, 박미경 옮김, 역사의아침, 2011.
클로드 달렌, 『처음 만나는 외과학의 역사』, 김병욱 옮김, 파피에, 2009.

Adams, Katherine H., *Seeing the American Woman 1880-1920*, Jefferson: McFarland, 2011.
Barnett, Hilaire, *Introduction to Feminist Jurisprudence*, London: Cavendish, 2013.
Beales, Derek, *Joseph II: In the shadow of Maria Theresa, 1741-1780*, Cambridge: Cambridge University Press, 1987.
Bellamy, John, *The Tudor Law of Treason (Routledge Revivals): An Introduction Routledge Revivals*, Oxford: Routledge, 2013.
Byrne, Joseph Patrick, *Encyclopedia of Pestilence, Pandemics, and Plagues: A-M*, Santa Barbara: ABC-CLIO, 2008.
Cunliffe-Owen, Marguerite, *The Martyrdom of an Empress: With Portraits from Photographs*, Gardiner: Summit University Press, 1981.
Cunningham, Lawrence, *Culture and Values: A Survey of the Western Humanities*, Stamford: Cengage Learning, 2014.
Curtis, Benjamin, *The Habsburgs: The History of a Dynasty*, London: Bloomsbury Academic, 2013.
Doran, Susan, *The Tudor chronicles*, London: Quercus, 2008.
Drachman, Virginia G., *Enterprising Women: 250 Years of American Business*, Chapel Hill: UNC Press Books, 2002.
Faroqhi, Suraiya, *Travel and Artisans in the Ottoman Empire*, London: I.B. Tauris, 2014.
Fisher, Burton D., *Don Carlo*, Coral Gables: Opera Journeys Publishing, 2002.

Fraser, Antonia, *Marie Antoinette*, Hachette: UK, 2010.

Gilbreth JR, Frank B., *Cheaper by the Dozen*, New York: Thomas Y. Crowell Co., 1948.

Godbeer, Richard, *Sexual Revolution in Early America: Gender Relations in the American Experience*, Baltimore: The Johns Hopkins University Press, 2002.

Gourley, Carherine, *Flappers and the New American Woman: Perceptions of Women from 1918 Through The 1920s*, North Minneapolis: Twenty-First Century Books, 2008.

Grzymkowski, Eric, *The United States of Strange*, New York: Adams Media, 2012.

Guy, John, *The Children of Henry VIII*, Oxford: Oxford University Press, 2013.

Hansen, Farreol Lee, *The English Treason Statute of 1352: Position of the Subject in Trials for Treason*, St. Louis: St. Louis University, 1966.

Hinds, Kathryn, *Elizabeth and Her Court*, New York: Benchmark Books, 2007.

Hinds, Kathryn, *The Court*, New York: Benchmark Books, 2003.

Holmes, Rachel, *The Real Life of the Hottentot Venus*, New York: Random House, 2007.

Howe, Elizabeth, *The First English Actresses: Women and Drama, 1660-1700*, Cambridge: Cambridge University Press, 1992.

Kohn, George, *Encyclopedia of Plague and Pestilence: From Ancient Times to the Present*, New York: Infobase Publishing, 2007.

Lehman, H. Eugene, *Lives of England's Monarchs: The Story of Our American English Heritage*, Bloomington: AuthorHouse, 2005.

Mahan, J. Alexander, *Maria Theresa Of Austria*, London: Read Books Ltd, 2007.

Monger, George, *Marriage Customs of the World: An Encyclopedia of Dating Customs and Wedding Traditions*, Santa Barbara: ABC-CLIO, 2013.

Moore, Jonathan, *True West Virginia Ghost Stories*, West Virginia: West Virginia Ghosts, 2011.

Norton, Jeffery, *Surgery: Basic Science and Clinical Evidence*, New York: Springer, 2009.

Orr, Clarissa Campbell, *Queenship in Europe 1660-1815: The Role of the Consort*, Cambridge: Cambridge University Press, 2004.

Plunkett, John, *Queen Victoria: First Media Monarch*, Oxford: Oxford University Press, 2003.

Prigozy, Ruth, *The Cambridge Companion to F. Scott Fitzgerald*, Cambridge: Cambridge University Press, 2002.

Regan, Geoffrey, *The Guinness Book of Royal Blunders*, London: Guinness World Records Limited, 1995.

Shelley, Mary Wollstonecraft, *Frankenstein*, Rockville: Arc Manor, 2009.

Sisa, Stephan, *The Spirit of Hungary: A Panorama of Hungarian History and Culture*, Millington: Vista Court Books, 1995.

Starkey, David & Doran, Susan, *Henry VIII: man and monarch*, London: British Library, 2009.

Steele, Valerie, *Paris Fashion: A Cultural History*, Oxford: Oxford University Press, 2006.

Strachey, Lytton, *Queen Victoria: A Life London*, London: Chatto&Windus, 2012.

Strickland, Agnes, *Lives of the Queens of England, from the Norman Conquest*, Cambridge: Cambridge University Press, 2010.

Thurley, Simon, *The Royal Palaces of Tudor England: Architecture and Court Life 1460-1547*, New Haven: Yale University Press for The Paul Mellon Centre for Studies in British Art, 1993.

Vale, Allison, *Mad Kings & Queens: History's Most Famous Raving Royals*, New York: Sterling, 2008.

Valenenze, Deborah M., *The Social Life of Money in the English Past*, Cambridge: Cambridge University Press, 2006.

Vovk, Justin C., *In Destiny's Hands: Five Tragic Rulers, Children of Maria Theresa*, Bloomington: iUniverse, 2010.

Wallach, Janet, *The Richest Woman in America: Hetty Green in the Gilded Age*, New York: Random House LLC, 2012.

Waller, John, *The Dancing Plague: The Strange, True Story of an Extraordinary illness*, Naperville: Sourcebooks, 2009.

Wear, Andrew, *Knowledge and Practice in English Medicine, 1550-1680*, Cambridge, Cambridge University Press, 2000.

Weir, Alison, *Henry VIII: King and Court*, New York: Ballantine Books, 2011.

Weir, Alison, *Mary Boleyn: The Mistress of Kings*, New York: Ballantine Books, 2011.

Weir, Alison, *The Six Wives of Henry VIII*, New York: Grove Press, 1991.

Westermarck, Edward, *The History of Human Marriage Whitefish*, Montana: Kessinger Publishing, 2010.

Wilkinson, J, *Mary Boleyn The True Story of Henry VIII: Favourite Mistress*, Gloucestershire: Amberly Publishing, 2010.

Yates, Joshua & Hunter, James Davison, *Thrift and Thriving in America: Capitalism and Moral Order from the Puritans to the Present*, Oxford: Oxford University Press, 2011.

Yonan, Michael Elia, *Empress Maria Theresa and the Politics of Habsburg Imperial Art*, University Park: Penn State Press, 2011.

Zaide, Gregorio F., *World History*, St. Quenzon: Rex Printing Company, 1965.

스캔들
세계사 2

지은이 _ 이주은
펴낸이 _ 강인수
펴낸곳 _ 도서출판 파피에

초판 1쇄 발행 _ 2014년 4월 3일
초판 6쇄 발행 _ 2018년 5월 9일

등록 _ 2001년 6월 25일 (제2012-000021호)
주소 _ 서울시 마포구 서교동 487 (209호)
전화 _ 02-733-8668
팩스 _ 02-732-8260
이메일 _ papier-pub@hanmail.net

ISBN 978-89-85901-67-3 04900
     978-89-85901-68-0 (세트)

· 잘못 만들어진 책은 바꾸어 드립니다.
· 값은 뒤표지에 있습니다.

ⓒ 이주은, 2014

이 책은 신저작권법에 의하여 보호를 받는 저작물이므로 무단전재와 무단복제, 광전자 매체 수록 등을 금하며, 이 책 내용의 전부 또는 일부를 이용하려면 반드시 저작권자와 파피에 출판사의 서면 동의를 받아야 합니다.